Andreas Fischerauer

Essig & Senf selbst gemacht

stv

Andreas Fischerauer

Essig & Senf

selbst gemacht

Leopold Stocker Verlag
Graz – Stuttgart

Umschlaggestaltung:
DSR Werbeagentur Rypka GmbH, 8143 Dobl/Graz, www.rypka.at
Titelbild: © A Wild Emotion

Bibliografische Information der Deutschen Nationalbibliothek
Die Deutsche Nationalbibliothek verzeichnet diese Publikation in der Deutschen Nationalbibliografie; detaillierte bibliografische Daten sind im Internet unter http://dnb.d-nb.de abrufbar.

Hinweis: Dieses Buch wurde auf chlorfrei gebleichtem Papier gedruckt. Die zum Schutz vor Verschmutzung verwendete Einschweißfolie ist aus Polyethylen chlor- und schwefelfrei hergestellt. Diese umweltfreundliche Folie verhält sich grundwasserneutral, ist voll recyclingfähig und verbrennt in Müllverbrennungsanlagen völlig ungiftig.

Auf Wunsch senden wir Ihnen gerne kostenlos unser Verlagsverzeichnis zu:
Leopold Stocker Verlag GmbH
Hofgasse 5/Postfach 438
A-8011 Graz
Tel.: +43 (0)316/82 16 36
Fax: +43 (0)316/83 56 12
E-Mail: stocker-verlag@stocker-verlag.com
www.stocker-verlag.com

ISBN 978-3-7020-1933-4

Layout und Repro: DSR Werbeagentur Rypka GmbH, 8143 Dobl/Graz

INHALT

VORWORT

Die Kunst, aus wohlschmeckenden Getränken Essig herzustellen, ist vielfach unerforscht; nicht selten entsteht Essig (unerwünscht) zufällig. Ich war mehr als 20 Jahre lang als Obstverarbeitungsberater tätig. Oft musste ich feststellen, dass Essig nur ein „Fehlprodukt“ war oder als „gewolltes“ Produkt aus leicht fehlerhaften Ausgangsprodukten gewonnen wurde. Wegen der stark unterschiedlichen Geschmacksrichtungen und – vor allem oftmals unzureichenden – Säurewerte, die immer wieder zu Beanstandungen geführt haben, bin ich dem Phänomen Essig nähergekommen. Grundsätzlich gilt: Nur aus besten Ausgangsprodukten kann auch guter Essig erzeugt werden, der nicht nur Salate, sondern fast alle Speisen verfeinern kann. Weiter gibt es fast unzählig viele Möglichkeiten, den Geschmack des Essigs mittels Kräutern, Gewürzen und Früchten zu verändern oder zu veredeln. Und da fürs Mischen und Ansetzen nicht mehr als ein Liter Essig erforderlich ist, lohnt sich die Geschmacksveredelung auch im Haushalt.

Und vom fertigen Essig ist es nur ein kleiner Schritt zu wunderbarem Senf und der Vielfalt selbst gemachter Senfsorten. Hobbymäßig Senf herzustellen, ist nicht wirklich schwierig.

Dieses Buch soll einen Einblick in die „Geheimnisse“ der Senf- und Essigbereitung, in die Auswahl und Verwertung der Ausgangsprodukte sowie die Anwendung derselben geben. Ich wünsche Ihnen viel Spaß und gutes Gelingen bei Ihren Versuchen und beim Ausprobieren der Rezepte!

Andreas Fischerauer
Frühjahr 2021

(© iStock Photo / Dannko)

Name

Straße

PLZ Ort

Telefon

E-Mail

☐ (Pflichtfeld) Ich bestätige, dass ich das 16. Lebensjahr vollendet habe und erteile meine ausdrückliche Zustimmung, dass die von mir oben angegeben Daten durch die Leopold Stocker Verlag GmbH zum Zweck der Vertragserfüllung und Leistungserbringung verarbeitet und an Auftragsverarbeiter weitergegeben werden, UND dass

☐ die angegeben Daten durch die Leopold Stocker Verlag GmbH zum Zweck des Newsletterversands verarbeitet, an Auftragsverarbeiter weitergegeben werden und ich werbliche Informationen und Angebote via Post, E-Mail, Telefon erhalte.

Ich kann meine Zustimmung jederzeit widerrufen. Dafür wende ich mich an die Leopold Stocker Verlag GmbH (Hofgasse 5, A-8010 Graz; Tel: 0043316/821636; E-Mail: datenschutz@stocker-verlag.com). Alle Infos: www.stocker-verlag.com/datenschutz.

Datum__________ Unterschrift ________________

Bitte frankieren!

ANTWORTSENDUNG

Leopold Stocker Verlag

Postfach 438

Hofgasse 5

8011 Graz

Liebe Leserin, lieber Leser,

herzlichen Dank für Ihr Interesse an unseren Büchern! Der Leopold Stocker Verlag ist ein unabhängiges Familienunternehmen, deshalb ist uns der Kontakt mit unseren Kunden besonders wichtig. Wir senden Ihnen in Zukunft gerne Informationen über unsere Neuerscheinungen zu und bitten Sie, uns Ihre Fragen, Wünsche und Anregungen mitzuteilen!

Mit herzlichen Grüßen

Mag. Wolfgang Dvorak-Stöcker

Diese Karte entnahm ich dem Buch: ______

Fragen/Anregungen/Kommentare und Kritik zu diesem Buch oder unserem Programm:

______

______

______

Leopold Stocker Verlag GmbH, Hofgasse 5, 8010 Graz, Österreich
Tel.: +43/316/82 16 36, Fax: +43/316/83 56 12, E-Mail: stocker-verlag@stocker-verlag.com

Besuchen Sie uns auch im Internet: www.stocker-verlag.com

stv

EINLEITUNG

Was ist Essig?

Jahrzehntelang war Essig in vielen Betrieben nur ein Zufallsprodukt. Und wenn er gezielt hergestellt wurde, so war die Qualität manchmal hervorragend – und dann wieder wollte und wollte er nicht sauer werden. Infolge mangelnden Wissens bezüglich Bakterien und Gärung war die Essigerzeugung nur sehr schwierig in den Griff zu bekommen. Essig als Gärungsprodukt aus einer alkoholischen Flüssigkeit benötigt vor der zweiten Vergärung schon einen gewissen Grundgehalt an Alkohol, damit die Essigbakterien überhaupt zu arbeiten beginnen können.

Dieser richtig vergorene Essig enthält so gut wie keinen Restalkohol mehr, schmeckt vorwiegend sauer und ist aus unserem Leben fast nicht mehr wegzudenken, da mit ihm viele Speisen geschmacklich verfeinert werden. Moderner Essig ist ein gezielt produziertes Lebensmittel, welches den gesetzlichen Anforderungen entspricht, das Aroma der verwendeten Früchte klar widerspiegelt und Speisen die elegante und feine Würze verleiht.

DIE GESCHICHTE DER ESSIGBEREITUNG

Sie ist älter als der Mensch, zumal es sich bei der Essiggärung um einen rein biologischen Vorgang handelt. Spuren von Essig wurden an Gefäßen gefunden, wie sie die alten Ägypter und Chinesen verwendeten. Wir kennen Gefäße aus der Zeit um 6000 v. Chr., in denen noch Reste von Essig nachweisbar waren.

2000 Jahre jünger sind Überlieferungen aus Mesopotamien, in denen von „saurem Bier" die Rede ist. Dieses Produkt, von den Ägyptern „Hequa" genannt, wurde aus Gerste gebraut und durch den Essigstich sauer. Später entdeckte der Mensch Essig als Konservierungsmittel und Heilgetränk. Die Babylonier legten ihre Jagdbeute in Essig ein, damit sie länger haltbar blieb, aber auch Unreinheiten – im symbolischen Sinn – entfernt wurden. Bereits in der frühen Menschheitsgeschichte war die heilende und desinfizierende Wirkung von Essig bekannt; in alten Schriften und Aufzeichnungen wird Essig als Lebenselixier bezeichnet, dessen Geruch die Lebensgeister wieder in Schwung bringt. Essig findet auch schon im Alten Testament Erwähnung: „Wie Essig für die Zähne und Rauch für die Augen, ist der Faule für den, der ihn schickt“ (Erste Salomonische Spruchsammlung 10,26).

Im Buch Rut wird in Essig getauchtes Brot erwähnt. Somit ist erwiesen, dass Essig bereits damals – bis in die Gegenwart hinein – als Getränk angesehen wurde (und großteils auch noch wird).

Schon in der Antike wurde Essig, vor allem im Orient und im Mittelmeerraum, mit Kräutern und Gewürzen versetzt, um ihm als Getränk einen besseren Geschmack zu verleihen. Diese Kräuter-Essig-Mischungen wurden entweder mit Brot oder gleich als Getränk konsumiert. Oft wurden auch Fruchtsäfte oder verschiedene wohlriechende Öle als Zutaten zum Essig verwendet; das Getränk „Posca“ etwa war eine Mischung aus Wasser und Essig. Diese Variante findet sich auch in der römischen Geschichte: Sie sollte besonders den Kriegern Kräfte und Gesundheit bringen. Die Legionäre mussten „Posca“ als Desinfektionsmittel und Durstlöscher täglich trinken. „Posca“ wurde auch Jesus am Kreuz verabreicht. Essig als Getränk ist für uns Menschen von heute vielleicht etwas schwer vorstellbar, doch war es auch hierzulande bis nach dem Ersten Weltkrieg üblich, Wasser-Essig-Mischungen zu sich zu nehmen. Einige Überlieferungen nennen als Mittel gegen den Durst eine Mischung aus gekochtem Apfelsaft mit Essig. Dieses Getränk wird noch heute in einigen Regionen Osteuropas getrunken. Fässer wurden, sofern sie nicht mit Harz ausgekleidet waren (wie es heute noch beim „Retsina“ in Griechenland üblich ist), immer wieder mit Essig gereinigt. Plinius der Ältere berichtet sogar, dass Fässer, in denen sich zuvor Essig befunden hatte, besseren Wein ergaben. (Diese Variante ist für unsere Qualitätsweine freilich nicht zu empfehlen!)

Plinius wusste auch zu berichten, dass sauer gewordener Wein keinen guten Essig ergibt, sondern nur ein schales Getränk, welches wie Essig mit Lauge schmeckt. Im alten Rom wurde der Großteil des Essigs aus Wein hergestellt, da es andere Fruchtweine, wie wir sie heute kennen, noch nicht gab. Deshalb gibt es in Italien auch heute noch vorwiegend Weinessig. Lucius I.M. Columella, der bedeutendste Ackerbauschriftsteller des ersten nachchristlichen Jahrhunderts, berichtete in seinem Werk „De re rustica“ sehr ausführlich über die Möglichkeiten, Essig herzustellen. Seine Ausgangsprodukte waren Wein, Feigen und Gerste.

Besonders bei ärmeren Familien konnte Essig oft Wunder bewirken: bei der Zubereitung der verschiedensten Speisen, die er schon in geringsten Mengen verbesserte, aber auch zur Desinfektion offener Wunden, um den damals fast immer tödlichen Wundbrand zu verhindern. Im Imperium Romanum wurde Essig aber auch als Reinigungsmittel für Behälter verwendet, die der Aufbewahrung von Lebensmitteln dienten. Die Geschichtsschreiber berichten auch von einem blühenden Handel mit Essig und den vielen verschiedenen Essigarten; besonders der ägyptische Essig, eine Art Malzessig, war sehr beliebt. Die Römer erkannten ferner die konservierende Wirkung von Essig: Verschiedene Gemüsearten, Fische und Muscheln, aber auch Eier wurden in die „saure Würze“ eingelegt. Nicht selten wurde der Rückstand mit Öl, Zwiebeln, Mehl, Gewürzen und Honig aufgekocht und entweder als Sauce oder als Getränk serviert.

Im Mittelalter diente Essig vorwiegend der Desinfektion. Mit ihm wurde der menschliche Körper verschiedensten Einreibungen unterzogen. Auch Behälter und Geräte, wie sie in der Medizin Verwendung fanden, wurden mit Essig gereinigt. Jahrhundertelang wollten die Mediziner viele Krankheiten mit Essig heilen bzw. die Ansteckungsgefahr bannen. Noch im 18. Jahrhundert versuchte man, der Pest mit Essig beizukommen. Abgesehen davon genoss man mit größtem Behagen mit Essig versetzte Speisen. Vor allem das Einlegen von Gemüse in Essig und die Herstellung raffinierter Marinaden für Salate waren im Frankreich der damaligen Zeit sehr beliebt. Der Verkauf von Essig erfolgte direkt ab Straße, mittels sogenannter Essigkarren, auf denen die jeweiligen Fässer mit unterschiedlichem Säuregehalt standen. Der Verkauf florierte dermaßen, dass bereits im 16. Jahrhundert die ersten Steuern für Produkte mit oder aus Essig eingehoben wurden.

Darstellung der Essiggewinnung mit dem Schützenbach-Verfahren, 19. Jhd.

Damals begann auch die Forschung, sich für die Entstehung von Essig zu interessieren. Die Wissenschaft erkannte, dass aus dem Alkohol und der Säure des Weines Essigsäure entsteht, nachdem sich der Alkohol verflüchtigt und die Weinsäure zu Essigsäure umgewandelt hat. Der französische Chemiker Antoine Laurent de Lavoisier (1743–1794) entdeckte, dass Luft – beziehungsweise Sauerstoff – für die Entstehung von Essig unbedingt notwendig ist. Der englische Chemiker Sir Humphry Davy (1778–1829) fand schließlich die chemische Gleichung für diesen Prozess, dessen Ursache er noch nicht genau definieren konnte; seine Thesen stützten sich auf einen chemisch-elektrischen Prozess im Zusammenhang mit der Stickstoffumwandlung durch Sauerstoff. Allerdings vermutete er bereits, dass an dieser Umwandlung Bakterien beteiligt sein könnten. Seine Entdeckung gilt als wegweisend, da er als erster erkannte, dass aus Alkohol Essigsäure als Gärungsprodukt entsteht.

Erst der Franzose Louis Pasteur (1822–1895), der Vater der Mikrobiologie, bewies, dass Bakterien den Essig erzeugen. Sie leben an der Oberfläche des Weines und benötigen Sauerstoff. Pasteur entdeckte auch, dass sich diese Bakterien zu einer festen Haut zusammenfügen. Die wissenschaftliche Erkenntnis, dass Bakterien am Entstehen von Essig maßgeblich beteiligt sind, hielt die Bevölkerung nicht vom Konsum und der Anwendung des Essigs in Medizin und Volksheilkunde ab. Wie aus der Literatur hervorgeht, sollen sogar die „Riechsalzfläschchen" jener feinen Damen, die sich durch Ohnmacht kleiner Probleme entzogen, manchmal mit Essig gefüllt gewesen sein. (Im Allgemeinen bestand „Riechsalz" jedoch aus Ammonium- und Kaliumcarbonatkristallen, die mit ätherischen Ölen vermengt waren.)

Auch die moderne Hausmedizin kennt den Essig als Heilmittel: Vielen sind Essigwickel zur Fiebersenkung sowie das Inhalieren mit Essigwasser gegen Husten noch bekannt.

Erst in unserem Jahrhundert wurde mit der Herstellung der unterschiedlichen Essigarten, insbesondere von Gewürzessig, aber auch von Spritessig aus Alkohol und von anderen hochprozentigen Essigarten zum Strecken von gutem Essig begonnen. Heute unterscheiden wir verschiedene Gruppen von Essig, wobei nur die besten Produkte Eingang in unsere Küchen finden sollten.

Besonders im Haushalt und in der Hobbyproduktion ist es das Ziel, ein perfektes Produkt herzustellen. Dies ist jedoch vereinzelt nur mit neuwertiger Technik möglich. Deshalb werden immer mehr Kleinanlagen für die Essigproduktion angeboten, die genau dies leisten können. Wichtig ist, eine intensive und reintönige Umwandlung des fertigen Weines zu Essig zu erreichen.

Tonkrüge mit traditionellem Schwarzen Essig in Kirishima, Japan. (© WikiMedia Commons / Ray_go (CC BY-SA 3.0))

VERWENDUNGSMÖGLICHKEITEN VON ESSIG

Speisewürze

Essig als Speisewürze finden wir in vielen Bereichen unserer Nahrung. Früher wurde er verhältnismäßig einfach eingesetzt, da nur wenige Essigsorten zur Verfügung standen. Hauptaufgabe des Essigs war es, Speisen nur sauer zu machen. In den wenigen Fällen, in denen Essig eine Verbesserung des Geschmackes mit sich bringen sollte, wurde er mit Gewürzen versetzt. In einem gut bestückten Feinkostladen oder in einer modernen Küche können wir heute freilich zwischen Obstarten, Geschmacksrichtungen und Herkünften aus vielen Ländern wählen. Auch regionale Trendprodukte in unterschiedlichster Qualität, wie es bei Balsamessig der Fall ist, bereichern die Angebote von Supermärkten und füllen die Essigregale der Haushalte. Dies erschwert zwar die Auswahl, bietet aber neue Möglichkeiten der Zubereitung. Besonders deutlich lässt sich dies bei Salaten feststellen, die ohne Essig doch nur halb fertig erscheinen. Ohne Essig, etwa mit Zitronensäure gewürzt, fehlen ihnen der feine Ton und die vollständige Abrundung. Jeder Essig eröffnet bei ein und demselben Salat völlig neue Geschmacksrichtungen. Die verschiedenen Fruchtessige bieten auch noch die Möglichkeit, den Salat mit den unterschiedlichsten Aromen zu versetzen. Somit stehen heute dem Profikoch ebenso wie dem Hobbyküchenchef unendlich viele Variationsmöglichkeiten offen.

Wird Essig schließlich als Dressing verwendet, so ergeben sich die herrlichsten Feinheiten. Doch nicht nur für die Herstellung wohlschmeckender Salate ist Essig von großer Bedeutung. Etliche Speisen wären ohne Essig nicht das, was wir erwarten. Was zum Beispiel wäre ein Gulasch ohne die harmonische Würze eines feinen Essigs? Auch Mayonnaise, Senf (Mostrich), Ketchup und Chutney sowie viele andere Zuspeisen könnten ohne Essig als Grundwürzmittel nicht bestehen. Es würde uns doch fehlen, könnten wir im Winter nicht unsere eingelegten sauren Gemüsevariationen verzehren (dazu unten mehr).

Essig dient nicht nur als Mittel der Verfeinerung für salzige oder säuerliche Gerichte, sondern auch für eine der typischsten österreichischen Süßspeisen: Wie würde wohl der Teig für einen Apfelstrudel ohne einen Schuss Essig schmecken?

Selbst gemachte Essigkonserven sind Industrieprodukten geschmacklich deutlich überlegen.
(© iStock Photo / Olesia Shadrina)

Konservierungsmittel

Das Einlegen von Früchten, Gemüse, Pilzen und Wildpflanzen zählt zu den ältesten Konservierungsmethoden. „Industriell" hergestellte Einlegeprodukte werden mit Säure-, Weingeist- oder Alkoholessig hergestellt. Dieser Essig ist zwar geschmacksneutral, was eine konstante Qualität ermöglicht, jedoch sind diese Produkte oftmals auch nicht „eigenständig". Im eigenen Haushalt und kleinen Betrieben ergeben sich durch die Vielfalt an Essigen und an Einlegbarem zahlreiche Möglichkeiten, auch eigenständige Produkte mit regionalem Charakter zu entwickeln. Noch dazu schmecken diese selbst eingelegten Konserven oftmals deutlich besser als die industrielle Konkurrenz. Die konservierende Wirkung, die Essig aufweisen muss, erklärt auch den vorgeschriebenen Mindestsäuregehalt bei verkaufsfertigem Essig. Wäre der Säuregehalt zu niedrig, würde bei entsprechender Verdünnung die konservierende Wirkung verloren gehen. Im Rezeptteil finden Sie einige Ideen für eingelegte Speisen.

Reinigungsmittel

Durch die chemische Industrie, die uns in der Hygiene lange Jahre mit hervorragenden synthetischen Wirkstoffen unterstützt hat, war Essig als Reinigungsmittel zeitweilig in Vergessenheit geraten. Infolge des gestiegenen Umweltbewusstseins, aber auch unserer eigenen Gesundheit zuliebe kam es inzwischen jedoch zu einer ökologischen Trendumkehr, sodass Essig seine Bedeutung als Putzhilfe wiedergewonnen hat. Dies vor allem auch deshalb, weil die Industrie Essig in ihrer Werbung verstärkt anpreist. Er gilt als Reinigungsmittel der Wahl, wenn andere Möglichkeiten bereits versagt haben. Besonders im WC – jenem Bereich, in dem wir die meisten chemischen Reiniger einsetzen – ist Essig von großer Effektivität. Wo im Sanitärbereich Kalkränder zum Verschwinden gebracht werden sollen, können die meisten Chemieprodukte

Essig ist ein klassisches natürliches Reinigungsmittel. (© iStock Photo / Helin Loik-Tomson)

durch Essig ersetzt werden. Gleichzeitig bekämpft Essigsäure etliche Bakterienarten. Auch für die Fensterreinigung kann Essig verwendet werden, ebenso, wie er glatten Flächen und Holzböden zu neuem Glanz verhilft; von der desinfizierenden Wirkung ganz zu schweigen. Mit Essig bekämpft man die meisten Flecken im Haushalt auf umweltschonende Weise.

Auch seine Wirkung als Weichspüler soll nicht unerwähnt bleiben: Essig bindet die Härtebildner des Wassers und ersetzt somit teure Industrieprodukte. Gleichzeitig entfernt er Fremdgerüche, ohne dass sein Eigengeruch in der Kleidung verbleibt. Sie können also jederzeit in mit Essig gereinigter Wäsche in der Öffentlichkeit auftreten – Sie werden ganz gewiss nicht „säuerln".

Abgesehen von der Reinigung von Räumen und Wäsche mit Essig findet dieser vielfach auch am menschlichen Körper Anwendung. Er kommt vor allem in Hausmitteln gegen störende Fettverbindungen der menschlichen Haut und Haare zum Einsatz.

Medizin

Da Essig schon seit Jahrhunderten in der Medizin verwendet wird, sollen hier nur kurz seine Wirkungen erläutert werden.

Die meisten Lebewesen produzieren in ihrem Körper selbst Essigsäure – eine Erkenntnis, die dem Biochemiker Hans A. Krebs 1953 den Nobelpreis für Medizin einbrachte. Er konnte nachweisen, dass in beinahe allen körperlichen Vorgängen als Zwischenprodukt immer wieder Essigsäure entsteht.

Der Konsum von Essig wirkt auf den menschlichen Stoffwechsel anregend, vor allem appetitsteigernd. Das ist bei sauren Vorspeisen besonders offensichtlich. Die Essigsäure regt die Sekretion der Speicheldrüsen an; diese reagieren mit erhöhtem Speichelfluss. Somit kommt es bereits vom Mund weg zu einer besseren Verdauung. Essigsäure erleichtert den Abbau von Fetten und Kohlenhydraten; sie ist für diese Vorgänge sogar unabdingbar und wird deshalb vom menschlichen Körper selbst produziert.

Die natürlichen Eigenschaften des Essigs beleben den Organismus. Wegen seiner Inhaltsstoffe wirkt er nicht nur vorbeugend, sondern hilft auch bei vielen Krankheiten. In der Volksmedizin ist er besonders für seine fiebersenkende Wirkung bekannt, doch können auch Hautpilze mit Essig bekämpft werden. Essigsaure Tonerde bei Verstauchungen und Blutergüssen ist vielen Sportlern ein Begriff.

Pestessig

Der wahrscheinlich bekannteste medizinische Essig ist der Pestessig, der auch als (Vier-)Räuberessig bekannt ist. Erstmals erwähnt wurde dieser medizinische Essig um 1720 in Frankreich, wo sich Menschen damit vor der Pest zu schützen suchten. Der Kräuterauszugessig setzt sich aus Essig und Weinraute, Wermut, Rosmarin, Wacholderbeeren, Lavendel, Kalmus, Nelken und Minze zusammen.

Damals war es üblich, dass man sich zum Schutz vor der Pest mit dem Essig den Mund ausspülte, den Körper damit reinigte und selbstverständlich auch einige Löffel davon einnahm.

In diesem Fall spielt die antibakterielle Wirkung des Essigs zusammen mit den Duftstoffen und ätherischen Ölen der Kräuter und Gewürze. Ein Rezept dazu finden Sie im Rezeptteil.

Spargel
Haus Essig
Quitte
Haus Essig
Marille
Zitronengras
Paprika
Gurke
Haus Essig
Feige
Haus Essig
Dattel
Granatapfel

KLEINE ESSIGKUNDE

Viele Menschen, die Interesse an natürlichen Vorgängen haben, wollen aus selbst erzeugtem (Obst-)Wein schmackhaften und fruchtigen Essig für den Eigenbedarf produzieren. Falls es sich dabei um nur geringe Mengen handelt, sind die dafür notwendigen Investitionen oftmals nicht gerechtfertigt. Doch auch für den Hausgebrauch kann, bei genauem und reinlichem Vorgehen, guter Essig hergestellt werden. Dafür eignen sich Glasballons ab einer Größe von 5 Litern sehr gut, sodass nur wenig Gerät angeschafft werden muss. So lassen sich auch etwas ältere Weine, die zwar noch trinkbar, aber nicht mehr hervorragend sind, zu eigenem Essig verarbeiten. Unsere kleine Essigkunde versucht, kurz und prägnant die wichtigsten Arbeitsschritte sowie die Besonderheiten der Essigbereitung zusammenzufassen und zu erläutern.

Balsamessig, Rot- und Weißweinessig.
(© WikiMedia Commons / Rainer Zenz (CC BY-SA 3.0))

WELCHE ESSIGARTEN GIBT ES?

Im Rahmen der Hobbyherstellung unterscheiden wir zwischen Gär- und Ansatzessig.

Gäressig

Gäressig entsteht durch Oxidation, die durch Bakterien verursacht wird, aus einer alkoholhaltigen Flüssigkeit. Ausgangsprodukt kann ein guter Obstwein aus Äpfeln, Birnen, Kirschen oder anderem Obst oder ein guter Wein sein. Wichtig ist prinzipiell ein fehlerfreies Ausgangsprodukt, denn aus einem fehlerhaften kann kein guter Gäressig entstehen. Der fertige Essig schmeckt nämlich überwiegend nach dem Ausgangsprodukt: Apfelessig nach Apfelmost oder Rotweinessig nach Rotwein. Zu Gäressig kann im Grunde genommen jede Frucht und jedes Gemüse verarbeitet werden, die/das zu Wein vergärbar ist.

Vielfach bilden Essigbakterien neben Essigsäure auch Zellulose. Die Mischung aus Essigbakterien und Zellulose an der Oberfläche der Flüssigkeit wird Essigmutter genannt. Wenn die Essigmutter zu dick wird, gelangt keine Luft für die Oxidation mehr zum Essig. Dies verlangsamt die Essigherstellung.

Die Essigbakterien verbinden sich an der Oberfläche zur sogenannten Essigmutter.

Ansatzessig

Ansatzessig – im Hauskeller wahrscheinlich häufiger zu finden – ist die einfachste Möglichkeit, guten, anders als gewohnt schmeckenden Essig zu erhalten. Dabei wird ein bereits fertiger Essig mit Zusatzstoffen versetzt, die ihm einen vollkommen neuen Geschmack verleihen. Die Geschmacksänderung kann auch ganz dezent erfolgen. Wir unterscheiden zwei Gruppen:

Ansatzessig mit Aroma: Bei diesem wird ein möglichst neutral schmeckender Essig (z. B. Weißwein- oder Apfelessig) mit einem neuen Aroma und einer neuen Farbe versetzt. Auch Rotweinessig lässt sich gut mit einem interessanten Aroma verändern. Die Veränderung erfolgt durch Zugabe von diversen natürlichen Geschmacksträgern. Der Fantasie sind hierbei kaum Grenzen gesetzt, sodass vom Apfel bis zur Zimtrinde alle Geschmacksrichtungen möglich sind (siehe Rezeptteil). Sehr beliebt sind die verschiedenen Fruchtaromen, da sie dem Essig neben einem verfeinerten Geschmack auch eine neue Farbe verleihen.

Ansatzessig mit Kräutern: Kräuteressig ist die Königsklasse des Essigansatzes. Die Harmonie und die Auswahl der einzelnen Zutaten ergeben ein geschmacklich ausgezeichnetes Produkt. Doch nur etwas zu viel oder zu wenig, schon kann das Ergebnis unerwünscht ausfallen. Diese schon sehr lange praktizierte Form der Aromatisierung geschieht wie bei der zuvor beschriebenen durch Zusetzen von Geschmacksträgern. Dabei werden gartenfrische Kräuter mit Essig übergossen und nach einer bestimmten Standzeit wieder abgeseiht oder abgepresst. Der Essig nimmt dabei den Geruch und den Geschmack der Kräuter an, es entsteht ein neues Produkt. Ansatzessig, in dem noch

Kräuter enthalten sind, eignet sich auch sehr gut als Geschenk aus dem eigenen Keller. Doch Achtung: Hierbei ist auf besondere Sauberkeit zu achten, da sonst in der Flasche eine neue Essigmutter wachsen kann.

WIE ENTSTEHT ESSIG?

Essig ist ein absolut natürliches Produkt, das überall in der Natur vorkommt. Dabei werden, wie erwähnt, alkoholische Verbindungen durch Bakterien zu Essigsäure umgewandelt. Bei einigen Verfahren werden die Bakterien durch Bildung einer Haut, der „Essigmutter", an der Oberfläche sichtbar.

Bei der Essigsäuregärung entsteht aus einem Volumprozent Alkohol etwa ein Prozent Essigsäure, was für das Schätzen des Säuregehaltes im entstehenden Essig wichtig ist. Je alkoholischer das Ausgangsprodukt ist, desto saurer wird der fertige Essig sein.

Essig entsteht oftmals ohne unser Zutun; damit er aber auch gut wird, sollte bei einem Bekannten, der bereits Essig produziert, eine kleine Menge gekauft werden, um bereits von Beginn an eine gewisse Menge an Bakterien dabeizuhaben. Dadurch wird der Alkohol rascher zu Essig umgesetzt. Beinahe alle Bakterien lieben die Wärme, so auch unsere Essigbakterien. Damit sie sich ideal vermehren können und der Essig gut ausfällt, sollten wir möglichst konstant eine Temperatur von etwa 25 °C halten.

Sie können ihre Essigproduktion aber auch mit einer sogenannten Startkultur beginnen. Das sind zumeist hochkonzentrierte Essigbakterien, die nur eine geringe Essigmutter bilden, sodass der Erfolg der Essigproduktion schneller zu schmecken ist.

ESSIGBEREITUNG IN HOBBY UND HAUSHALT: ANLEITUNG FÜR EILIGE

Die Essigbereitung im Haushalt kann schon mit kleinsten Mengen ausprobiert werden. Jede Flasche oder jedes Weithalsglas kann zum Essigbehälter umfunktioniert werden. Dann noch etwas Startkultur dazu – und schon kann es losgehen! Bereits nach wenigen Tagen trübt sich der Wein durch die Essigkulturen ein, und ein leichter Essiggeruch ist feststellbar. Zuvor ist jedoch einiges zu beachten:

Vor der Gärung

- Das Ausgangsprodukt muss fehlerfrei sein und sollte keinen Fremdgeschmack aufweisen, damit der Geschmack des

Zur Essigbereitung können Behälter aus Holz, Kunststoff oder Metall dienen. (© Archiv Fischerauer)

Essigs nicht beeinflusst wird. Fehler und Fremdaromen sind im fertigen Essig oftmals verstärkt festzustellen, was jeden Salat verdirbt.

- Behälter, in denen Essig hergestellt wird, müssen sauber und lebensmittelecht sein. Wichtig ist auch die Beständigkeit gegenüber Essig- und Fruchtsäuren. Behälter aus Kunststoff sind nicht immer säurebeständig. Am besten eignen sich Holzfässer und Glasflaschen ab einer Füllmenge von 5 Litern.
- Der Behälter wird zu zwei Dritteln mit Most, Obstwein oder Wein gefüllt und dann mit etwa einem halben Liter trüben Essigs oder Startkulturen, die bereits in Arbeit sind, versetzt, damit das Grundprodukt schnell zu gären beginnt und nicht verdirbt.
- Weinessig oder Weine mit einem Alkoholgehalt von mehr als 7 % vol. sollten auf etwa 7 % vol. verdünnt werden, sodass die Essigstartkulturen leichter zu arbeiten beginnen können. Damit verringert sich auch die Umwandlungszeit, und der Essig ist schneller fertig. Essigbakterien können mit höheren Alkoholwerten nur schlecht umgehen, manchmal sterben sie sogar ab. Das macht die Verdünnung mit Trinkwasser notwendig. Vorteilhaft kann warmes Wasser sein, um die optimale Temperatur für die Essigbakterien zu erreichen.

Die Essigoxidation

- Die Umwandlung von Wein zu Essig sollte bei einer Temperatur von mindestens 25 °C erfolgen, denn dabei vergärt der Most sehr schnell. Die beste Jahreszeit für die Essigbereitung ist daher der Sommer, wobei aber immer darauf zu achten ist, dass der gärende, halb fertige Essig vor Insekten geschützt ist und nie in der Sonne steht. Ein Behälter mit Lichtschutz ist hier von Vorteil. Am einfachsten ist der Insektenschutz mit einem Leinentuch – es lässt genügend Luft durch und hält die Insekten draußen. Sie könnten Fremdbakterien in den Jungessig einbringen und diesen dadurch verderben.
- Während der Gärung ist das Einbringen von Luft notwendig, da Sauerstoff benötigt wird. Bei zu wenig Sauerstoff sterben die Bakterien ab, und es findet keine Essigsäuregärung statt. Die Einbringung kann entweder durch ein kurzes Öffnen und anschließendes Schütteln des Behälters erfolgen oder durch eine kleine Pumpe. Sehr gut eignen sich Aquarienpumpen, da sie die Luft in die Flüssigkeit hinein ausstoßen. Außerdem halten sie die Flüssigkeit in Bewegung und beschleunigen so den Gärungsprozess. Dazu genügt es aber oft schon, einen Schneebesen einzutauchen und kurz zu drehen. Und das etwa alle drei bis vier Tage.
- Sobald der Essig den gewünschten Geschmack oder die gewünschte Säure aufweist, wird er bis auf einen kleinen Rest aus dem Behälter genommen und dieser dann neuerlich mit Most oder Wein befüllt, damit die Essigbakterien nicht absterben. Sollte einmal kein Essig benötigt werden, so wird etwas alkoholhaltige Flüssigkeit eingefüllt und bei unter 10 °C gelagert, denn bei dieser Temperatur bleiben die Bakterien am Leben, verarbeiten aber den Alkohol nicht. Die Kulturen sind so etwa sechs Wochen lang haltbar. Bei längerer Lagerung kann eine neue Startkultur notwendig werden.
- Wenn die Essigmutter sehr stark wächst, sollte sie unbedingt aus dem Behälter entfernt werden, da sonst nur die Zellulose produzierenden Bakterien übrig bleiben und die Essigoxidation deutlich länger dauert.

In saubere Flaschen abgefüllt, kann frischer Essig lange Zeit gelagert werden. (© Archiv Fischerauer)

Wenn der Essig fertig ist

- Der nunmehr fertige Essig wird noch etwa zwei Wochen lang gelagert, damit der restliche Alkohol vergären kann. Dadurch wird der Essig noch runder und schmeckt harmonischer. Wenn sich in dieser Zeit noch eine Essigmutter bildet, dann war zu viel Restalkohol im Essig und dieser somit noch nicht fertig.
- Dann wird der Essig geklärt, damit in der Flasche keine „Haut“ an der Oberfläche entsteht. Zur Klärung verwendet man feine Filter, wie sie auch in Labors verwendet werden. Besonders gut eignen sich Faltenfilter; diese sind in Drogerien erhältlich. Etwas größere Mengen können auch mit kleinen Schnapsfiltern filtriert werden. Diese Investition ist allerdings nur dann sinnvoll, wenn der Filter öfter verwendet wird.
- Die Hautbildung kann auch durch Erhitzen des Essigs auf 55 °C und vorhergehende Filtration verhindert werden. Damit wird auch gewährleistet, dass sich selbst beim Ansetzen von Früchten oder Kräutern keine Haut in der Flasche bildet.

Die Flaschenfüllung

- Fertiger und geklärter Essig sollte immer in Flaschen gelagert werden, wobei besonders darauf zu achten ist, dass die Flaschen voll sind. Der Essig kann entweder warm abgefüllt werden (dabei entsteht in der Flasche immer ein Satz) oder kalt, was die einfachere Methode ist und außerdem den Geschmack des Essigs nicht beeinträchtigt. Bei der Kaltabfüllung ist besonders auf die Reinheit der Flaschen zu achten. Ich selbst bevorzuge die Warmabfüllung, da der Essig so länger ohne Veränderungen haltbar ist.
- Die Flaschen müssen vor der Befüllung sauber gewaschen und ausgetrocknet werden. Als Reinigungsmittel kann man die üblichen Geschirrspülmittel verwenden. Wichtig ist, dass die Flaschen mit heißem Wasser gespült werden, damit eventuell vorhandene Schimmelpilze und unerwünschte Bakterien abgetötet werden. Geschirrspüler reinigen die Flaschen mit hoher Temperatur, was auf jeden Fall besser ist als mit der Hand gewasche-

ne Flaschen. Diese können aber auch in heißes Wasser eingelegt werden – je wärmer, desto besser.

- Die Abfüllung kann mittels Schlauch oder durch einfache Füller erfolgen. Sehr gut eignen sich dafür kleine Vakuumfüller, die zusammen mit kleinen Schnapsfiltern verwendet werden können. Auch hier gilt, dass eine Anschaffung dieser Filter nur dann wirtschaftlich sinnvoll ist, wenn wenigstens einmal jährlich Essig produziert wird.
- Die Flaschen müssen möglichst vollgefüllt werden, denn auch dadurch wird eine Hautbildung an der Oberfläche verhindert.
- Beim Verschließen der Flaschen ist darauf zu achten, dass die Verschlüsse auch säurebeständig sind: entweder Kunststoffverschlüsse, Metallverschlüsse mit einer Dichtungsplatte innen oder Griffkorken. Es sollten ausschließlich neue Verschlüsse verwendet werden, denn nur diese gewährleisten absolute Verträglichkeit mit dem fertigen Essig.
- Die Lagerung des fertigen Essigs erfolgt dunkel und kühl, damit sich Farbe und Geschmack nicht verändern. Sollte der Essig braun werden, so ist dies ein Zeichen der Reife. Sollte sich der Essig bei geöffneter Flasche schwarz verfärben, so ist er mit einem nicht säurefesten Metall in Berührung gekommen. Solche Essige sind nicht zum Verzehr geeignet. Allerdings kann dieser „schwarze Bruch“ recht einfach durch eine Schönung behoben werden (siehe S. 61–64).
- Fertiger Essig kann mehrere Jahre lang gelagert werden. Sollte bereits kurz nach der Produktion klar sein, dass der Essig länger gelagert wird, dann empfiehlt sich, dies in einem größeren Gebinde zu tun. Durch lange Lagerung klärt sich der Essig beinahe vollständig, sodass teilweise die Filtration unterbleiben kann. Zu beachten ist nur, dass rote Essige teilweise braun werden. Daher sollten diese schnell in Flaschen abgefüllt werden.

GRUNDLAGEN DER ESSIGBEREITUNG

Wer qualitativ hochwertigen Essig erzeugen will, muss über die chemischen Vorgänge während des Gärungsprozesses Bescheid wissen und Grundkenntnisse in Mikrobiologie haben.

WAS IST ZU BEACHTEN?

1. Wissen um die Lebensbedingungen der Organismen
Besonders wichtig für die Vorbehandlung der Rohstoffe und für die Gärführung, egal ob Essig- oder alkoholische Gärung!

Die speziellen Eigenschaften und Milieuanforderungen der Hefen (bei der alkoholischen Gärung ohne Sauerstoff) und der Bakterien (bei der Essigsäuregärung mit Sauerstoff) muss man kennen, um ein qualitativ hochwertiges Produkt zu erhalten. Eine wirklich vollständige Vergärung ist nur unter idealen Bedingungen möglich. Essig ist in diesem Fall etwas Besonderes, da zwei natürliche Umwandlungen erfolgen müssen: zuerst von Zucker zu Alkohol (alkoholische Gärung) und anschließend von Alkohol zu Essigsäure (Säureoxidation). Erst dadurch erhalten wir ein fertiges Produkt.

2. Verhinderung von Schädlingsbefall und Verderb
Alle unvergorenen Zwischenprodukte sind nicht nur für Hefen, sondern auch für viele andere Mikroorganismen geeignete Lebensräume. Um Qualitätsbeeinträchtigungen zu vermeiden, muss das Aufkommen von „Schädlingen“ verhindert werden. Bereits durch einfachste Maßnahmen, wie Erhitzen oder Kühlen, erzielt man einwandfreie Produkte. Wichtig ist auch das Zuführen von Luft (Sauerstoff). Produkte, die nicht mehr reintönig sind, können bei der Essigbereitung Probleme verursachen. Das gilt auch für Getränke, die noch Restzucker enthalten.

3. Sauberhalten der Betriebsräume und Anlagen
Reinigung und Desinfektion der Betriebsräume und Anlagen sind nur dann effektiv, wenn

(© iStock Photo / SlobodanMiljevic)

die Verursacher der Verschmutzung erkannt wurden. Gleichzeitig wird so auch eine Schädigung des Produktes verhindert. Sauberkeit ist besonders dann wichtig, wenn die Geräte auch noch für andere Lebensmittel verwendet werden, da sonst „ungewollt" Essig produziert werden kann. Nur bei absoluter Reinlichkeit wird man Qualitätsprodukte erhalten. Wir dürfen bei der Essigbereitung nie vergessen, dass Essig ein hochwertiges Lebensmittel ist. Sollte aus dem Hobby mehr werden, dann wird es notwendig, die Reinigungen professionell durchzuführen. Dafür benötigt man einen Reinigungsplan und muss Aufzeichnungen über die Durchführung der Reinigungen führen. Dies kann im Hobbybereich natürlich komplett entfallen; Sauberkeit bleibt trotzdem ein Muss. Immerhin entsteht ein Lebensmittel!

4. Einhalten der gesetzlichen Anforderungen

Für den Profi gilt: Wer in Europa Lebensmittel in Verkehr setzen möchte, hat eine große Anzahl an Gesetzen und Vorschriften zu beachten. Dazu zählen nicht nur die Produktgesetze, sondern ebenso Bestimmungen über die Ausstattung der Betriebsstätten oder Behälter und deren Handhabung. Es ist für den Produzenten sehr wichtig, sich vor Produktionsbeginn mit den rechtlichen Anforderungen auseinanderzusetzen. Grundsätzlich gilt: leicht zu reinigen, desinfizierbar, insektensicher und sauber. Spezifische nationale und regionale Verordnungen können auch mit Beratungsdiensten oder den Kontrollstellen abgeklärt werden. Jeder Produzent muss sich darüber im Klaren sein, dass er für seine Produkte haftet – auch, wenn sie nur verschenkt oder getauscht werden.

Die betriebliche Essigproduktion unterliegt zahlreichen Auflagen, besonders zur Hygiene.

DIE ENTSTEHUNG VON ESSIG – DAS AUSGANGSPRODUKT

Die Entstehung von Essig ist ein natürlicher biochemischer Umwandlungsprozess, der durch Bakterien erfolgt. Für diesen Vorgang wird Sauerstoff benötigt. Die meisten Sauerstoff liebenden Mikroorganismen wandeln Kohlenhydrate im Atmungsstoffwechsel zu Kohlendioxid und Wasser um. Diese Form der Umwandlung, bei der keine anderen organischen Verbindungen ausgeschieden werden, wird als vollständige Oxidation bezeichnet.

Aus Äpfeln wird ein ebenso günstiger wie gesunder Essig. (© Archiv Fischerauer)

Bei der Essigproduktion spricht man von einer unvollständigen Oxidation, da nur unvollständig oxidierte Endprodukte (wie Essigsäure, Gluconsäure, aber auch Zitronensäure) entstehen. Wegen der Ähnlichkeit derartiger Endprodukte mit durch Gärung entstandenen Stoffen spricht man bei unvollständigen Oxidationen auch von „oxidativen Gärungen“ oder „aeroben Fermentationen“, daher die Ausdrücke, „Gärbehälter“ und „Fermenter“.

ESSIGSÄUREBAKTERIEN

Essig entsteht aus Zuckerarten und Alkohol durch zwei Gruppen natürlich vorkommender Bakterien.

- *Acetobacter* sind gramnegative, nur schwach bewegliche, farblose Stäbchen. Sie leben hauptsächlich auf Pflanzen, die zuckerhaltige Säfte ausscheiden, in Gesellschaft mit Hefezellen, die für die Gärung benötigt werden. Sie sind ca. 1/1000 mm groß.
- *Gluconobacter* sind Stäbchenbakterien mit Geißeln, schwach beweglich, farblos und weisen eine hohe Säuretoleranz auf. Sie kommen ebenfalls zusammen mit Hefe vor und sind ungefähr gleich groß wie Acetobacter.

Die Bildung der Essigsäure und der Gärungsnebenprodukte erfolgt durch Enzyme in der Außenhaut der Zellmembran dieser Bakterien.

Nicht alle Stämme sind für die Essigproduktion geeignet, denn in beiden Gruppen kommen Bakterien vor, die den Essig noch weiter umwandeln. Diese „Überoxidierer“ (Peroxidanten) können im Gegensatz zu den erwünschten „Unteroxidierern“ (Suboxidanten) dazu führen, dass trotz richtiger Gärung nicht der notwendige Essigsäuregehalt erreicht wird. Überoxidierer erzeugen einen sehr schal schmeckenden Essig, der zum Würzen nicht geeignet ist, da er die Geschmacksprüfung nicht besteht. Außerdem überdeckt der Eigengeschmack etlicher Speisen den Geschmack dieses Essigs, der meist nur noch entsorgt werden kann. Das Risiko der Überoxidation kann durch frühzeitiges Wechseln der Kultur, bei einem Alkoholgehalt von etwa 0,3 % vol., deutlich minimiert werden.

Treten öfter Probleme mit schal schmeckendem Essig auf, wird es notwendig sein, die Bakterien im Labor auf ihre Wirkung hin untersuchen zu lassen.

Bestimmung der Bakterienarten

Die Bestimmung der einzelnen Bakterienarten erfolgt durch ein verhältnismäßig einfaches Experiment. Es werden die Bakterien auf einen Nährboden aufgebracht. Der Bakterientyp ist je nach optischer Veränderung der Umgebung der Kultur leicht zu erkennen.

Den Essigbakterien dient ein milchig-trüber Nährboden aus Kreide-Agar (Ethanol-Hefeextrakt-Calciumcarbonat) als Nahrungsgrundlage. Dabei sollten allerdings sterile Bedingungen herrschen, damit keine fremden Kulturen anwachsen können. Die aufgebrachten Bakterien wachsen sich zu Kolonien aus. Durch die Säureausscheidung der Bakterien kommt es rund um diese Kolonien zur Auflösung des Calciumcarbonates, und es entsteht ein deutlich erkennbarer klarer Bereich (Hof). Bleibt dieser Hof, so haben wir es mit Suboxidanten zu tun, die für die Essigherstellung gut geeignet sind. Trübt sich dieser Hof nach einiger Zeit wieder ein, so wurde die Säure weiteroxidiert und es bildet sich wieder sichtbarer Kalk. Dabei haben wir es dann mit Überoxidierern zu tun, die für die Essigbereitung nicht geeignet sind.

Zwischen beiden Bakteriengruppen gibt es aber viele Übergangsformen, was die Bestimmung etwas erschwert. Soll allerdings eine bestehende Essigmutter auf ihre biologische Tätigkeit hin untersucht werden, so ist diese Untersuchung vollkommen ausreichend.

SO WIRD ESSIG ERZEUGT

Bei der Erzeugung von Essig unterscheiden wir zwei große Verfahren, die zwar chemisch auf der gleichen Grundlage basieren, allerdings vollkommen unterschiedlich ablaufen.

Die synthetische Herstellung

Essigsäure (E 260) wird durch katalytische Oxidation von Acetaldehyd erzeugt, welches aus Acetylen, einem Stoff aus der Erdölchemie, gewonnen wird. Diese chemisch reine Essigsäure wird auf einen Gehalt von 60–80 % verdünnt und ist dann als Essigessenz erhältlich. Essigessenz ist eine stark ätzende Flüssigkeit und dient als Reinigungs- und Lösungsmittel. Weiters wird Essigsäure auch durch katalytische Umsetzung von Methanol mit Kohlenmonoxid unter Druck gewonnen.

Diese chemische Essigsäure kann auch mit Trinkwasser auf einen Säuregehalt von 6–15 % verdünnt und dann unter der Bezeichnung „Säureessig“ als Speiseessig verwendet werden. Diese Essigart wird teilweise von der Lebensmittelindustrie zum Einlegen von Gemüse und Fisch beziehungsweise als Konservierungsmittel eingesetzt. Zumeist werden jedoch ihre Salze Kaliumacetat (E 261), Natriumacetat (E 262) und Calciumacetat (E 263) als Säuerungsmittel verwendet. Angesichts dieser vielen Lebensmittelzusatzstoffe, die heute den Hauptteil des Essigs in industriell hergestellten Nahrungsmitteln bilden, produzieren wir unseren Essig lieber selbst.

Die mikrobiologische Herstellung

Alle Essigsäure bildenden Bakterien können aus Zucker oder Alkohol Säuren bilden, hauptsächlich eben Essigsäure. Als Nebenprodukte dieses Stoffwechselvorganges entstehen noch weitere Säuren, abhängig von der Zuckerart im Ausgangsprodukt. Für uns ist nur die Herstellung aus alkoholhaltigen Flüssigkeiten interessant.

Das Schema der Essigsäuregärung sieht dabei folgendermaßen aus:

Vollständige Essigsäuregärung

$$\underset{\text{Ethanol}}{CH_3CH_2OH} + \underset{\text{Sauerstoff}}{O_2} \downarrow \underset{\text{Essigsäure}}{CH_3COOH} + \underset{\text{Wasser}}{H_2O} + \underset{\text{Wärme}}{494\ \text{kJ}}$$

Ist in der zu vergärenden alkoholischen Flüssigkeit zu wenig Sauerstoff vorhanden, wird nicht oder nur unvollständig weiteroxidiert. Dies führt dazu, dass noch Restalkohol vorhanden ist, der den gesetzlichen Höchstwert überschreitet; somit darf dieser Essig nicht verkauft werden. Zusätzlich geht durch die verlängerte Gärzeit meist auch das Aroma des Grundproduktes verloren.

Wie viel Alkohol ergibt wie viel Essig?

Wie bereits erklärt, entsteht aus Alkohol Essigsäure. Ihre Menge ergibt sich aus dem ursprünglich vorhandenen Alkoholgehalt.

Theoretisch ergibt
1 ml Alkohol = 1,036 g Essigsäure /
1 g Alkohol = 1,3 g Essigsäure.
Da aber während der Essigsäuregärung auch andere Stoffe entstehen können, kann man in der Praxis rechnen, dass 1 Volumprozent Alkohol ca. 1 % Essigsäure ergibt.

Die Alkoholbestimmung

Bei der Essigbereitung zählt die Bestimmung des Alkohols zu den wichtigsten Tätigkeiten: einerseits wegen der Entstehung der Essigsäure, andererseits darf nur eine bestimmte Restmenge an Alkohol im fertigen Essig verbleiben. Denn nur dadurch ist eine längere Haltbarkeit des fertigen Essigs gewährleistet. Nachdem nicht jeder Essigproduzent – sei es als Hobby oder Direktvermarkter – über eine entsprechende chemische Ausbildung verfügt, gibt es zwei recht einfache Hilfsmittel zur Alkoholbestimmung:

Das Vinometer

Das Vinometer ist ein einfaches und sehr kostengünstiges Gerät. Es besteht aus einem dünnen Röhrchen und nutzt den damit verbundenen Kapillareffekt zur Bestimmung der Oberflächenspannung eines Gemischs aus Alkohol und Wasser. Der Alkohol setzt die Oberflächenspannung herab. Somit zeigt das Gerät eine geringere Oberflächenspannung an, je mehr Alkohol im Wein ist.

Doch wie funktioniert das in der Praxis? Die Probenmenge – angezeigt durch einen Strich im Trichter des Vinometers – wird eingefüllt, der mit einer dünnen Röhre versehene Trichter im Anschluss auf den Kopf gestellt, und nach kurzer Wartezeit lässt sich entlang der Skala ein dünner Faden (die Oberflächenspannung) erkennen. Wo dieser stehenbleibt, kann der Alkoholgehalt abgelesen werden.

Die Skalen der meisten Vinometer reichen bis etwa 25 % vol., allerdings sind Werte ab etwa 17 % vol. nicht mehr exakt. Auch die Messung von kohlensäurehaltigen Getränken funktioniert nicht; dabei müsste zuvor die Kohlensäure entfernt werden. Meine Erfahrung hat gezeigt, dass die Bestimmung auf etwa 1 % vol. genau ist. Das genügt in den meisten Fällen.

Wer es genauer wissen möchte, der kauft sich ein Ebullioskop. Dieses ist zwar deutlich teurer, aber auch präziser.

Das Ebullioskop

Die Alkoholbestimmung mittels Ebullioskop basiert auf der unterschiedlichen Siedetemperatur von Wasser und Alkoholmischungen. Mit einem Thermometer wird die Abweichung von Alkohol gegenüber Wasser und somit der Alkoholgehalt bestimmt. Das Ergebnis soll nur als Näherungswert vor der Vergärung zu Essigsäure dienen; die Genauigkeit beträgt + 0,5 % vol.. Für eine Restalkoholbestimmung ist sie zu ungenau.

Das Ebullioskop muss vor der Bestimmung auf den aktuellen Luftdruck geeicht werden. Dafür wird das Gerät bis zum ersten Ring im Siedebehälter mit Wasser gefüllt und zusammengeschraubt. Danach wird so lange erhitzt, bis der Quecksilberfaden auf der Skala nicht mehr nach vorn wandert. Mittels Stellschraube wird die Skala nun beim Ende des Quecksilberfadens auf null eingestellt und fixiert. Das Gerät wird auseinandergeschraubt und bis zum zweiten Ring mit dem zu untersuchenden Wein befüllt. In den Kühler kommt kaltes Wasser, damit der Alkohol nicht verdunsten kann. Die folgende Erhitzung soll so lange dauern, bis der Quecksilberfaden sich nicht mehr nach vorn bewegt. Sobald dies erreicht ist, kann abgelesen werden.

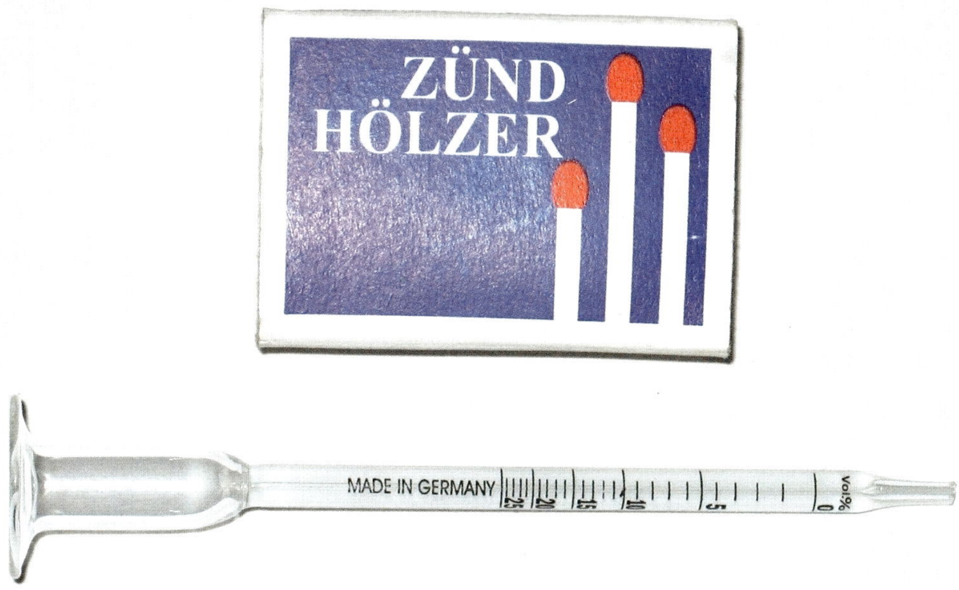

Ein handelsübliches Vinometer mit Größenvergleich. (© WikiMedia Commons / Maikel (CC BY-SA 3.0))

(© iStock Photo / SStajic)

ESSIGSORTEN

Essig kann aus allen ethanolhaltigen Flüssigkeiten hergestellt werden. Auch andere Alkoholarten ergeben Essig, wobei Ethanol das Hauptausgangsprodukt für die private Essigbereitung ist. Grundsätzlich wird allerdings zwischen Gärungsessig und Säureessig unterschieden (siehe Gesetzliche Bestimmungen).

In Österreich werden zurzeit hauptsächlich Sprit- (Branntwein-), Wein- und Apfelessig produziert, wobei Spritessig vorwiegend in der Industrie verwendet wird. Allerdings gibt es noch eine wesentlich breitere Palette an Essig auf dem Markt.

Wenige Zutaten eröffnen eine erstaunliches Spektrum an Essigvarianten. (© iStock Photo / Drbouz)

Branntweinessig

Branntweinessig wird aus reinem Alkohol landwirtschaftlichen Ursprunges gewonnen. Grundlage für diesen Ethylalkohol sind Kartoffeln, Getreide und Rückstände aus der Zuckerbereitung. Der Alkohol wird dann verdünnt und vergoren. Dieser Essig hat meist einen hohen Säureanteil, aber kein eigenes Aroma. Der Haupteinsatzbereich ist die weiterverarbeitende Industrie, die diesen Essig zum Einlegen oder als Würzmittel von Fertigprodukten nutzt. Im Haushalt sollte er – in verdünnter Form – höchstens zum Einlegen verwendet werden. Branntweinessig wird üblicherweise als Spritessig bezeichnet. Bei Weingeistessig ist destillierter Wein das Ausgangsprodukt.

Einlegeessig

Der Einlegeessig ist eine verfeinerte Form des Branntweinessigs, der meist mit Zucker und verschiedenen Aromaverbindungen versetzt wird. Oft wird dieser Essig auch noch gesalzen oder mit Kräutern verbessert. Er wird häufig in der Gastronomie für Salate verwendet. Im Haushalt nimmt man den Einlegeessig zum Konservieren von Gemüse, wenn ein würziger Geschmack erwünscht ist.

Kartoffelessig

In Nachkriegszeiten wurde oft Essig aus Kartoffelbrand produziert. Heute ist dieser Essig eher selten zu bekommen, da der Kartoffelbrand im bäuerlichen Betrieb verboten ist. Es eignen sich jedoch gekaufte Kartoffelbrände recht gut zur hobbymäßigen Herstellung von Essig.

Malzessig

Hierfür wird eine Mischung aus Malz und Getreide zuerst erhitzt und anschließend vergoren. Diesem so entstandenen „Bier“ werden Bakterien zugesetzt, und durch die Gärung entsteht Essig. Dieser zumeist sehr hochprozentige Ausgangsessig wird auf 6 % Säuregehalt verdünnt und kommt dann in den Handel. Der Geschmack ist süßsauer und relativ aromatisch, die Farbe dunkelgelb bis braun. Verwendet wird er in erster Linie in Nordeuropa und im südostasiatischen Raum.

Rosinenessig

Der Rosinenessig ist eine besondere Spezialität. Besonders in Südeuropa, im nordafrikanischen Raum und in den Golfstaaten – eben überall, wo Rosinen produziert werden – wird diese Essigart recht häufig hergestellt. Getrocknete Rosinen werden mit Wasser zu einem dünnflüssigen Brei verarbeitet; nach einigen Tagen werden die Rosinen entfernt. Der so entstandene wässrige Auszug wird weitervergoren und zu Essig verarbeitet, der ein sehr intensives Rosinenaroma mit dezenter Karamellnote hat. Verwendet wird dieser Essig für Salate und Fischgerichte.

Molkeessig

Molke, ein Rückstand bei der Käseproduktion, kann ebenfalls zur Essigherstellung verwendet werden. Dazu wird die Molke eingedickt und anschließend mittels bestimmter Hefearten zu Alkohol vergoren. Durch den hohen Milchsäuregehalt bereits des unvergorenen Produktes wirkt dieser Essig immer sauerkrautartig. Durch die Milchsäure fällt dieser Essig außerdem trotz seines Säuregehaltes von 5 % Gesamtsäure (berechnet als Essigsäure) immer mild aus und eignet sich somit für Patienten mit Magen-Darm-Krankheiten.

Reisessig

Reisessig, der vereinzelt in Spezialitätenläden zu finden ist, wird durch die Vergärung von Sake (Reiswein) oder dessen Produktionsrückstand („Sakekuchen“) mit anschließender Essiggärung gewonnen. Durch den hohen Gehalt an Restzucker wirkt er sehr süß. Liebhaber dieses Essigs können zwischen drei Arten – rot, weiß oder schwarz – wählen. Erfahrungsgemäß entspricht weißer Reisessig allerdings am ehesten unserem Geschmacksempfinden.

Honigessig

Honigessig wird aus verdünntem und vergorenem Honig (Met) hergestellt. Zur Essigbereitung können nur hochwertige Produkte verwendet werden, da mindere Qualität geschmacklich sofort erkennbar ist. Honigessig hat den typischen Metgeschmack und -geruch und wird besonders für Salatdressing und ausgefallene Fleischgerichte verwendet.

Tresteressig

Tresteressig wird durch das Vergären und Abpressen von Trester aus der Wein- oder Obstweinproduktion gewonnen. Er wird nicht zu den Weinessigarten gezählt und zeichnet sich durch ein herbes, teilweise kerniges Aroma aus. Charakteristisch ist die leicht adstringierende Wirkung dieses Essigs. Je nach Obstart oder Rebsorte werden unterschiedliche Geschmacksnuancen erzielt. Da er praktisch immer einen sehr intensiven Eigengeschmack hat, wird Tresteressig in erster Linie für würzige Gerichte und Salate verwendet.

Weinessig

Weinessig wird aus Traubenwein erzeugt und hat einen weinartigen Geschmack. Er fügt sich durch sein etwas zurückhaltendes Aroma fast überall harmonisch ein und kann dadurch für beinahe alle Speisen verwendet werden. Echter Weinessig – nicht Weingeistessig, der aus destilliertem Wein stammt – weist, wie Wein, die Farben Weiß oder Rot auf. Vielfach wird Weinessig aus dem Wein südlicher Länder produziert. Vor allem die Essigindustrie arbeitet mit billigen ausländischen Weinen. Für die bäuerliche Weinessigbereitung kommen nur beste Weine und Weinreste infrage, da minderwertige Produkte sich schon vor der Vergärung verschlechtern. Der Säuregehalt liegt beim Weinessig durch den Alkoholgehalt, der höher als beim Obstwein ist, meist zwischen 6 und 10 %. Bei der Bereitung ist auf den teilweise zu hohen Restalkoholgehalt zu achten.

Der Handel bietet eine große Auswahl an Weinessigsorten an, bedingt durch die breite Palette an Weinsorten und die Vielzahl der Ausbauvarianten (Holzarten und Lagerzeit). Rote Weinessigsorten sind geschmacklich meist etwas kräftiger als weiße. Zur Essiggewinnung eignen sich besonders gut Weinsorten, die von Natur aus viel Eigenaroma mitbringen, da aus ihnen sehr typische Essigarten entstehen können.

Obstessig

Grundsätzlich kann Obstessig aus jeder Obstart, mit der eine Weinproduktion möglich ist, hergestellt werden. Wegen der relativ geringen Herstellungskosten wird aber vorwiegend Apfelessig erzeugt. Dieser zählt nicht nur zu den günstigsten, sondern auch zu den gesündesten Essigarten überhaupt. Apfelessig enthält viele Mineralsalze, hauptsächlich aber Calcium und Magnesium. Andere Stoffe, wie Vitamine und Spurenelemente, die der menschliche Körper täglich benötigt, sind ebenfalls enthalten.

Obstarten für die Essigbereitung

Im folgenden Abschnitt werden nur die wichtigsten Obstarten, die für die Herstellung von Vollfruchtessig geeignet sind, beschrieben. Bevor Sie sich nun für eine spezielle Obstart entscheiden, muss bedacht werden, dass je nach Reifegrad und Sortenwahl sehr unterschiedliche Ergebnisse erzielt werden können. Wie etwa ein Sortenversuch mit Zwetschken gezeigt hat, ist der Einfluss der Sorte auf das Aussehen (vor allem die Farbe) und den Geschmack des fertigen Essigs nicht zu unterschätzen.

Äpfel

Die Obstweinerzeugung aus Äpfeln hat eine lange Tradition. Ein wesentlicher Grund dafür ist neben dem guten Geschmack der niedrige Preis. Die Früchte sollten vollreif, gesund und sauber sein, was für alle Obstarten gilt. Der Apfelessig zeichnet sich durch ein typisch obstweinartiges Aroma aus und kann für fast alle Speisen verwendet werden. Für die Essigbereitung sind auch Sorten geeignet, die für die Mostbereitung wegen ihres Geschmacks oder Säuregehaltes nicht verwendet werden. Besonders aromatische Sorten wie Maschanzker, Gravensteiner oder Braeburn ergeben sehr intensive und frische Essige. Für den Gehalt an Mineralstoffen und Vitaminen sind die Anbaubedingungen von größerer Bedeutung als das Alter einer Apfelsorte.

Sonnengereifte Äpfel ergeben einen herrlich frischen Essig. (© Archiv Fischerauer)

Birnen

Birnen sind zur Essigproduktion etwas schlechter geeignet als Äpfel, da sie von Natur aus meist einen eher niedrigen Säuregehalt haben und deshalb auch leichter verderben können. Schon bei der Obstweinbereitung erfordern Birnen einen weit größeren Arbeitsaufwand, auch was die hygienischen Anforderungen betrifft, damit sie nicht schon während der alkoholischen Gärung oder unmittelbar danach von Bakterien befallen werden. Birnenwein neigt auch viel stärker zum „Zähwerden“ (er wirkt ölig oder schleimig), was sich bei der Essigproduktion negativ auswirkt. Am besten ist es, den Birnenwein sofort nach Erreichen des höchsten Alkoholgehaltes zu pasteurisieren, um so den Wein für die Essigherstellung haltbar zu machen. Die auf diese Art gewonnenen Essige sind sehr fruchtig, schmecken deutlich nach Birne und sind besonders für Salate gut geeignet.

Feigen

Feigen gedeihen inzwischen immer weiter nördlich. Somit liegt es nahe, auch aus diesen wunderbar süßen Früchten einen Essig herzustellen. Feigen können in größeren Mengen direkt nach der Zerkleinerung vergoren werden und ergeben einen besonders fein-fruchtigen Essig. Wenn nur eine kleine Menge an Früchten vorhanden ist, so können die Feigen auch in Weißweinessig eingelegt werden und verleihen diesem dann eine fast balsamartige Süße.

Quitten

Quitten sind aufgrund ihrer schweren Vergärbarkeit und ihres hohen Gerbstoffgehaltes nur bedingt für die Essigbereitung nutzbar, sie ergeben allerdings sehr intensive Fruchtweine. Der frisch gepresste Saft der Früchte mit seinem natürlich hohen Säuregehalt muss vor der Vergärung verdünnt und aufgezuckert werden, da die meisten Quittensäfte einen zu niedrigen Zuckergehalt aufweisen. Dadurch käme es zu einer zu geringen Alkoholbildung. Die Gerbstoffe führen gleichzeitig zu einer sehr starken Klärung des fertigen Weines, was sich bei der Essigbereitung als vorteilhaft herausgestellt hat.

Quitten sind interessantes, doch schwieriges Essigobst. (© Archiv Fischerauer)

Pfirsiche

Vollreife Pfirsiche ergeben sehr fruchtige Weine, allerdings haben sie einen sehr niedrigen Säuregehalt, was in der Nachgärphase wiederum zu Problemen führen kann. Pfirsiche sind vor der Gärung unbedingt aufzuzuckern, um einen entsprechend hohen Alkoholgehalt zu erreichen. Der Einsatz von organischen Säuren, wie Zitronensäure, oder anorganischen Säuren, wie Phosphorsäure, um den biologischen Verderb während der Gärung auszuschalten, ist verboten. Bei Pfirsichen sollte auf ein baldiges Abtrennen der Steine nach der Vergärung geachtet werden, wenn eine Maischegärung durchgeführt wurde. Die Steine müssen entfernt werden, damit ein eventueller Steinton im Essig vermieden wird. Auf diesem natürlichen Wege produzierter Pfirsichessig ergibt Produkte, die besonders für Salatspezialitäten, aber auch zur Verfeinerung von süßen Gerichten und Käse gut geeignet sind.

Marillen (Aprikosen)

Für Marillen gilt sinngemäß das Gleiche wie für Pfirsiche, wobei diese Essigarten oft sehr geschmacksintensiv sind, was eine sparsame Verwendung in der Küche mit sich bringt. Bei der Marille besteht während der Gärung durch den hohen pH-Wert die Gefahr, dass sie verdirbt (Bakterien). Nur vollreife Marillen ergeben auch aromatischen Essig. Waren die Früchte unreif, so schmeckt der Essig eher nach dünnem Apfelessig.

Zwetschken, Pflaumen, Ringlotten

Der Zwetschkenwein ist heute in vielen Gebieten eine regionale Spezialität. Die Zwetschken werden dabei entweder maischevergoren oder gären nur auf der Maische an. Durch Aufzuckerung können auch hier wieder entsprechende Alkoholmengen erreicht werden, um die gesetzlichen Mindestwerte an Essigsäure einzuhalten.

Der Zwetschkenessig ist durch seine dunkle Farbe besonders gut zum Färben geeignet, aber natürlich auch zur Verbesserung des Geschmacks von Gerichten. Das herb-säuerliche Aroma verfeinert Salate und Saucen. Pflaumen und Ringlotten, vor allem grüne Sorten, führen bei diesen Essigarten zu interessanten Farbschattierungen, und oft haben sie ein „grasiges“ Aroma.

Kirschen und Weichseln

Diese Steinobstarten ergeben sehr dunkle, beinahe schwarze Essigsorten mit einem typischen Aroma. Der leichte Steingeschmack, den hauptsächlich die Weichseln haben, ist für diese Essigsorten charakteristisch. Wegen seines dunklen Tons und des fruchtigen Geschmacks wird dieser Essig vor allem für dunkle Saucen verwendet. Kirschen und Weichselsäfte müssen allerdings vor der Vergärung unbedingt aufgezuckert werden, da sie zu wenig natürlichen Zucker enthalten. Bei Weichseln empfiehlt sich auch eine Verdünnung des Säuregehaltes.

Kirschen/Weichseln ergeben ganz charakteristischen, fruchtigen Essig. (© Archiv Fischerauer)

Kornelkirschen

Kornelkirschen weisen einen relativ niedrigen Zucker- und einen hohen Säuregehalt auf. Ihr Essig schmeckt aber besonders aromatisch, lang anhaltend, und eignet sich besonders für aromatische Blattsalate. Das Vergären ist ohne Probleme möglich, und die rote Farbe zeigt sich schon nach einer kurzen Maischegärung deutlich und bleibt auch beim fertigen Essig erhalten. Beim Ansetzen ist darauf zu achten, dass die Früchte nicht zu lange im Essig liegen, da sich sonst die Farbe verdunkelt.

Schwarze, Rote und Weiße Johannisbeeren

Johannisbeeren oder Ribiseln werden gern zu Fruchtwein verarbeitet, da sie ein intensives Aroma haben und wegen ihrer hohen Säurewerte gestreckt werden müssen. Auch wenn viel Wasser dazugegeben wird (z. B. zwei Drittel der Fruchtmenge), sind Farbe und Geschmack der Beeren noch immer deutlich wahrnehmbar. Ribiselweine, die nach dem österreichischen Weingesetz maximal 13 % vol. Alkohol mit dem umgerechneten Zucker aufweisen dürfen, sollten vor der Essigbereitung auf ungefähr 10 % vol. Alkohol verdünnt oder auf ungefähr 1 % Essigsäure mit fertigem Essig eingestellt werden, um einen Bakterienschock zu vermeiden. Johannisbeeressig ist, je nach Beerenfarbe, tiefdunkel bis ganz hell und wird für Salate verwendet.

Johannisbeeren sind sehr sauer und müssen für Essig verdünnt werden. (© Archiv Fischerauer)

Himbeeren

Himbeeren sind sehr spezielle Früchte. Ein sehr intensives Aroma und Erinnerungen an schöne Sommerferien machten diese Frucht sehr beliebt. Es ist deshalb selbstverständlich, daraus Essig herzustellen. Da die Früchte aber etwas teurer sind, werden von industriellen Anbietern zumeist Weinessige mit Himbeeraromen oder Saftkonzentraten versetzt und dann verkauft. Dabei sind Vollfruchtessige, für die reine Himbeeren zu Essig vergoren wurden, eine absolute Spezialität und verfeinern so gut wie alle Salate. Sogar Eis und Süßspeisen kann dieser Essig die besondere Note verleihen.

Brombeeren

Brombeeren sind für die Essigherstellung nicht so gut geeignet, da sie wenig Eigenaroma aufweisen und der Essig deshalb nicht wirklich typisch schmeckt. Die feine Fruchtigkeit dieses Essigs lohnt aber immer wieder den Aufwand der Herstellung. Somit bleibt der Brombeeressig ein Nischenprodukt, das mit seinem Charakter überrascht. Die Herstellung von Ansatzessig mit Brombeeren bringt jedoch sehr intensiv schmeckende Essige hervor, speziell mit Rotweinessig als Grundprodukt.

Erdbeeren

Wenn eine aromatische Erdbeersorte verwendet wird, eignen sich Erdbeeren gut zur Essigherstellung. Dabei bleibt auch das typische Erdbeeraroma erhalten. Speziell zu Blattsalaten und mit einem feinen Olivenöl ergeben sich tolle Gaumenspiele. Wermutstropfen ist, dass Erdbeeressig nach anfänglich frischem Rot immer eine braune Farbe annimmt.

KRÄUTER- UND GEWÜRZESSIG

Heute ist in Supermärkten und Feinkostläden ein sehr großes Angebot an verschiedenen Kräuter- und Gewürzessigen zu finden, und auch der bäuerliche Essigproduzent hat in seinem gut geführten Hausgarten eine große Anzahl von Kräutern, die er mischen und zur Geschmacksverbesserung von Essig verwenden kann. Um sich in der breiten Palette der angebotenen Produkte zurechtzufinden, ist eine Unterscheidung der beiden wichtigsten Herstellungsarten notwendig:

- Essigarten werden mit Gewürzessenzen auf chemischem Wege oder durch Auszüge der namensgebenden Kräuter (siehe Einlegeessig) hergestellt. Diese Form der Herstellung ist der Essig produzierenden Industrie vorbehalten und sollte von Privatproduzenten nicht nachgeahmt werden.
- Essige, die mit natürlichen Kräutern oder deren Auszügen verfeinert wurden. Bei dieser Methode werden hochprozentige Essigsorten mit Kräutern angesetzt und nach einiger Zeit vom Ansatz genommen. So entsteht ein sehr feines Aroma. In die Flaschen kommen dann noch die jeweiligen Kräuter – ein verkaufsfördernder optischer Effekt. Zu dieser Gruppe von Essigarten zählen auch jene, die aus Fruchtauszügen gewonnen werden. Bei dieser Produktionsweise ist besonders wichtig, dass der verwendete Essig vollkommen fehlerfrei ist, da Kräuter fehlerhafte Produkte im Geschmack verstärken.

Einige Beispiele der letzteren Gruppe sind:

- Estragonessig
- Basilikumessig
- Lorbeeressig
- Knoblauchessig
- Zwiebelessig
- Himbeeressig
- Erdbeeressig
- Melissenessig
- Minzessig
- Veilchenessig
- Rosenblütenessig

Kräuter wie die Minze ergeben feine Gewürzessige.
(© Archiv Fischerauer)

BALSAMESSIG

Balsamessig ist der König unter den Essigarten. Dies ist ein dunkler, besonders alter Essig, der über mehrere Jahre in Holzfässern gelagert wurde. Durch die teilweise hohen Verluste bei der Produktion wird Balsamessig von Jahr zu Jahr teurer, besonders sehr alter Essig hat seinen Preis. Traditionell hergestellte Balsamessige aus dem Raum um Modena in Italien sind unter dem Namen „Aceto balsamico tradizionale di Modena“ im Handel und erzielen bei speziellen Auktionen astronomische Preise. Heimische Balsamessige werden mehrere Jahre lang in warmen Räumen gelagert. Sie erreichen dann ebenfalls eine besondere Qualität. Balsamessig eignet sich besonders für italienische Gerichte und verschiedene Blattsalaten. Leider sind aufgrund von wirtschaftlichen Überlegungen inzwischen allerlei Balsamessige im Handel, die weder aus frischen Früchten stammen noch gereift sind, sondern mit industriellen Methoden gemischt und vermarktet werden. Nur noch etwa 0,5 % der am Markt befindlichen Balsamessige sind hochwertig. Auch „weißer“ Balsamessig ist nur eine Mischung aus Essig und Konzentrat.

Der Erzeugung von Balsamessig ist in diesem Buch ein eigenes Kapitel gewidmet (siehe S. 56–59).

Echter Balsamessig ist ein teures Qualitätsprodukt.
(© Archiv Fischerauer)

DIE GÄRESSIGBEREITUNG

ANFORDERUNGEN AN DAS AUSGANGSPRODUKT UND BEHEBUNG EINZELNER FEHLER

Für die Entstehung von Essigsäure braucht es Alkohol. Nachdem ein Mindestsäuregehalt von 5 % erreicht werden muss, sind auch mindestens 5 % vol. Alkohol notwendig. Je nach Gärverfahren ist dieser Alkoholgehalt nun in Essigsäure umzuwandeln, ohne Restalkohol zu hinterlassen. Der Restalkoholgehalt darf bei Wein- und Obstweinessig, der verkauft werden soll, höchstens 4 g/l betragen. Die gesetzlichen Mindestwerte für die Gehalte an Essigsäure und Restalkohol werden in Österreich durch das Österreichische Lebensmittelbuch geregelt; jeweilige nationale Bestimmungen gelten entsprechend.

Gäressigproduktion im großen Stil braucht viel Platz. (© Archiv Fischerauer)

(© iStock Photo / Mariakray)

Nur aus fehlerfreien Grundprodukten, die aus reifer, sauberer und vor allem gesunder Rohware hergestellt wurden, wird ein guter Essig. Das Grundprodukt darf also nicht, wie früher oft üblich war, unverkäuflich oder fehlerhaft sein, denn Essige minderer Qualität sind beim heutigen Angebot an hochwertiger Ware nicht mehr verkäuflich. Getränke, die fehlerhaft sind, müssen vor der Verarbeitung zu Essig unbedingt zumindest „trinkbar" gemacht werden.

Der Geschmack eines guten Essigs wird vorwiegend durch das Rohprodukt, die Reinheit der Essiggärung und die Lagerung bestimmt. Essige, die aus einem schlechten Rohprodukt erzeugt werden und eine fehlerhafte Gärung aufweisen, schmecken zumeist dumpf, muffig und bitter. Oft entsprechen sie nicht den gesetzlichen Bestimmungen.

Die häufigsten Fehler im Ausgangsprodukt werden im Folgenden näher beschrieben, damit sie noch vor der Essigbereitung behoben werden können. Es handelt sich dabei um Most- oder Weinfehler, die bei unsachgemäßer Behandlung auftreten können. Hier werden nur solche Fehler beschrieben, nach deren Behebung sich der Most oder Wein noch gut zur Essigherstellung eignet. Die Behandlungsverfahren sind natürlich und können selbstverständlich auch im Hobbybereich ohne Gefährdung der Qualität des fertigen Essigs angewandt werden.

Weißer Bruch

Der Most erscheint im durchfallenden Licht weißlich bis schwach bläulich. Schuld daran sind Eiweiß und Pektinausscheidungen. Dieser Fehler tritt zumeist schon während der Lagerung auf und sollte auf jeden Fall beachtet werden.

Behebung: Der Most ist noch nicht flaschenreif und sollte vor der Abfüllung, sofern der Fehler schon im Fass erkennbar ist, einer Schönung unterzogen werden. Dies geschieht entweder mittels Bentonit- oder einer Kieselsol-Gelatine-Schönung. Gewöhnlich werden jedoch beide Schönungen durchgeführt.

Rahnwerden oder Braunwerden

Der Most wird bei der Berührung mit Luft dunkel. Wenn man ihn aus dem Lagerbehälter nimmt, so erscheint er schön färbig. Sobald er allerdings einige Zeit Kontakt mit Sauerstoff hat, wird er dunkel bis braun. Dies ist auf sauerstoffübertragende Enzyme zurückzuführen, die noch aus den Früchten stammen.

Behebung: Derartige Moste sind sehr einfach durch eine sachgerechte Schwefelung zu reparieren und trinkbar zu machen. Für die Essigbereitung ist die Schwefelung allerdings nicht gestattet, sodass nur eine Hochtemperatur-Kurzzeiterhitzung und die damit verbundene Inaktivierung aller Enzyme zum Erfolg führt. Im Hobbybereich wird keine Behandlung durchgeführt, da der fertige Essig zumeist eine schöne goldgelbe Farbe erhält. Vor allem bei Apfelessig ist dies sogar gewünscht.

Hefeböckser

Dieser Fehler kommt wahrscheinlich am häufigsten vor. Er ist erkennbar am unsauberen Geruch durch faule Hefe, ähnlich dem eines Ziegenbocks (daher der Name). Der Most ist säurearm, erscheint leer und schmeckt auch intensiv nach abgestorbener Hefe. Diese Moste sind zu spät vom Lager abgezogen worden. Dadurch konnte sich die Hefe zersetzen, was zum Verwesungsgeschmack führt. Deshalb heißt dieser Fehler umgangssprachlich auch Lagerfäule.

Behebung: Dieser Fehler kann durch ein frühes Abziehen verhindert werden. Moste, die diesen Fehler aufweisen, sind nur schwer reparierbar und können nur bei leichtem Auftreten noch zu Essig verarbeitet werden; andernfalls sind sie zu entsorgen.

Achtung: Je kleiner die Menge an vergorenem Wein oder Obstwein ist, desto leichter kann der Fehler auftreten. Auch bei höheren Temperaturen ist es sehr wichtig, sofort nach der alkoholischen Gärung die Hefe zu entfernen – besser zu früh als zu spät!

Essigstich

Grundprodukte, die diesen Fehler haben, zeichnen sich durch einen starken, stechenden Geruch nach Essigsäure aus. An der Oberfläche findet sich ein feiner Schleier oder eine schleimige und sulzige Haut. Dieser Fehler ist auf Essigsäurebakterien zurückzuführen. Er tritt auf, wenn nicht unter Sauerstoffausschluss vergoren wird.

Behebung: Grundprodukte, die diesen Fehler aufweisen, können als Getränk nicht mehr repariert werden und eignen sich nur noch für die Weitervergärung zu Essig. Allerdings ist dann auf die Zufuhr von Luft (Sauerstoff) zu achten, da meist zu wenig Sauerstoff im Behälter ist, um einen Qualitätsessig zu erzeugen. Moste, die bereits eine Essigmutter aufweisen, können nur noch im Orleansverfahren (siehe unten) fertig gegoren werden, da bei submersen Verfahren – wo sich die Essigbakterien direkt in der Flüssigkeit befinden – die Gefahr einer Verschleimung zu groß ist.

Kahmigwerden

Auf der Oberfläche breitet sich eine schneeweiße, graue oder graurötliche Haut aus. Diese ist zurückzuführen auf Kahmhefen, die sich nur unter Sauerstoffeinfluss im Getränk ausbreiten können. Sie verzehren den Alkohol und hinterlassen vielfach ein Fremdaroma.

Behebung: Kahmige Moste müssen in ein sauberes Fass umgezogen werden, nachdem die Kahmhaut so gut wie möglich entfernt wurde. Gleichzeitig ist darauf zu achten, dass das neue Fass spundvoll gefüllt ist, um ein neuerliches Auftreten der Kahmhefen zu verhindern. Es sollte hier möglichst bald mit der Essigbereitung begonnen werden, um weitere Alkoholverluste durch die Kahmhefen und die Gefahr eines zu niedrigen Essigsäuregehaltes zu vermeiden.

Milchsäurestich

Dieser ist erkennbar am sauerkrautähnlichen Geschmack und Geruch des Ausgangsweines. Er ist zurückzuführen auf Bakterien und einen zu geringen Säuregehalt des Saftes vor der Gärung. Ebenso kann auch ein zu später Abstich zu diesem Fehler führen, der oft mit zu spätem Schwefeln oder zu geringem Schwefelgehalt einhergeht.

Behebung: Der Milchsäurestich kann durch frühen Abstich und sachgerechte Schwefelung verhindert werden. Eine Heilung ist nur im frühen Stadium möglich. Der Most ist dann unbedingt einer Entkeimungsfiltration zu unterziehen, um die Bakterien aus dem Getränk zu entfernen, damit sie nicht im Essig weiterarbeiten und der Essig dann nach Sauerkraut riecht.

Zähwerden

Der Most fließt beim Ausschenken schwer wie Öl oder zieht Fäden wie Schleim, verbunden mit einem schnellen Säurerückgang. Die Ursachen hierfür sind Bakterien in Verbindung mit Schimmelpilzen und Schleimhefen.

Behebung: Das Zähwerden kann durch kühle Lagerung und frühes Abziehen verhindert werden. Falls der Most schon zäh ist, ist eine Säurekorrektur verbunden mit Tanninschönung und nachfolgender Belüftung durchzuführen. Derartige Getränke sind vor der Weiterverarbeitung unbedingt durch Filtration zu entkeimen. Besteht keine Möglichkeit zur Sterilfiltration, so kann der Most auch 20 Sekunden lang auf 80 °C erhitzt und anschließend abgekühlt werden.

BEHÄLTER FÜR DIE ESSIGBEREITUNG

Zur Bereitung von Essig sind beinahe alle lebensmittelechten Behälter geeignet. Im Folgenden werden die Vor- und Nachteile der verschiedenen Behälter aufgelistet. Kriterien für die Auswahl sind die produzierte Menge, die finanziellen Möglichkeiten und teilweise auch die geplante Präsentationsmethode.

Holzbehälter

Holzfässer zählen nach den Tongefäßen zu den ältesten Gebinden für die Lagerung von Getränken.

Vorteile

- Der leichtere Sauerstoffaustausch ermöglicht den früheren Ausbau des Getränkes. Dies wirkt sich auch bei der Essigbereitung positiv aus, weshalb dabei meist Holz Verwendung findet.
- Alle Fassgrößen sind erhältlich, Spezialanfertigungen leicht möglich.
- Fässer sind in den meisten Betrieben schon vorhanden.

Nachteile

- großer Pflege- und Erhaltungsaufwand,
- Verluste durch Schwund,
- kranke Fässer oder Fässer mit Fehlgerüchen sind nur sehr schwer zu reparieren.

Die Vorbereitung neuer Holzfässer

Neue Fässer enthalten sehr viele Gerbstoffe, die von Alkohol und Essigsäure herausgelöst werden können und das Getränk negativ beeinflussen. Aus diesem Grund müssen die Fässer entweder ausgelaugt oder auf chemischem Wege vorbereitet werden. Heute wendet man hauptsächlich die chemische Bearbeitung an.

Holzfässer sind klassische Behälter. (© Archiv Fischerauer)

Ausdämpfen der Fässer

Das Dämpfen der Fässer ist die beste Methode, um ein Fass zu säubern. Geeignet sind Niederdruckdampfkessel oder zweckentfremdete Futterdämpfer. Dabei wird das Fass auf den Kopf gestellt und so lange mit heißem Dampf bearbeitet, bis unten nur noch klares, geschmackloses Wasser herausrinnt. Somit ist die Dämpfdauer von der Fassgröße abhängig. Anschließend wird das Fass mit kaltem Wasser ausgespült.

Holzfässer sind besonders bei der Herstellung von Balsamessig von großer Bedeutung, da echter Balsamessig und die typischen Aromen dieses Essigs nur in kleinen Holzfässern erreicht werden können.

Kunststoffbehälter

Sie werden in Form geschäumter Polyurethan- oder glasfaserverstärkter Kunststoffbehälter verwendet. Erstere sind an ihren Farben (Weiß, Blau, Grün und Schwarz) zu erkennen. Glasfaserverstärkte Kunststoffbehälter haben eingearbeitete Fasern und sind weißlich-gelb.

Vorteile

- keine Rostbildung,
- keine Innenauskleidung notwendig,
- leicht zu reinigen und zu desinfizieren, da immer eine glatte Oberfläche vorhanden ist,
- geringer Schwund,
- zu 100 % säurebeständig.

Nachteile

- nicht immer geschmacksneutral (vor allem Diskontangebote),
- geringe Druckfestigkeit,
- Ausbau vollzieht sich langsamer,
- geschäumte Polyurethanbehälter sind nicht immer hitzebeständig, was bei der Essigbereitung teilweise ein Problem sein kann.

Kunststofffässer sind leicht zu reinigen, aber von schwankender Qualität. (© Archiv Fischerauer)

Edelstahlbehälter

Diese werden in allen Größen und Formen angeboten. Sie müssen aus V4A-Stahl sein; minderwertige Stahlarten sind oft nicht säurebeständig und daher auch nicht sehr lange haltbar. Vor allem bei der Essigbereitung im Anschluss an die Produktion des Grundgetränkes kann es immer wieder zur Korrosion kommen.

Beim Ankauf von Edelstahlbehältern ist auf die Verarbeitung zu achten, denn nur sehr sauber verarbeitete Behälter halten auch wirklich lange Zeit.

Vorteile

- zu 100% lebensmittelecht,
- alle Formen sind machbar und werden produziert,
- leicht zu reinigen und zu desinfizieren,
- kein Schwund,
- sehr robust,
- Edelstahlbehälter bieten eine 100%ige Alkohol- und Säurebeständigkeit im Lebensmittelbereich,
- optimale Wärmeleitung ist auch bei Großbehältern gegeben, was bei der Gärung, bei der Kühlung und bei der Essigbereitung Vorteile bringt.

Nachteile

- Qualitätsprodukte sind verhältnismäßig teuer.
- Größere Behälter sind nicht transportierbar.
- Risse können nur geschweißt werden.

ANFORDERUNGEN AN RÄUME FÜR DIE VERARBEITUNG

Essig und Senf sind Lebensmittel, die auch im Hobbybereich entsprechend behandelt werden sollten. Es genügt nicht, den schimmeligen Keller oder ein freies Eck in der Garage für diesen Zeitvertreib zu nutzen. Räume, in denen Essig oder Senf produziert wird, müssen vor allem den allgemeinen Grundanforderungen entsprechen, also z. B. leicht zu reinigen und zu desinfizieren sein. Im Raum müssen Kalt- und Warmwasser vorhanden sein, ein Bodenabfluss, da es immer wieder zur Schaumbildung kommen kann, und der Raum sollte unbedingt gut zu lüften sein. Das Lüften ist einerseits für die Essigbereitung notwendig, andererseits kann so der intensive Essiggeruch entweichen.

Gleichzeitig muss das Eindringen von Essigfliegen verhindert werden. Dies ist aus hygienischen Gründen unbedingt notwendig. Außerdem sollten der Boden und der Bereich rund um die Produktionsstelle säurefest sein, da es andernfalls vor allem bei submersen Produktionsmethoden immer wieder zur Zerstörung von Wand- oder Bodenoberflächen kommt. Auch Fliesenfugen können vereinzelt davon betroffen sein und sollten deshalb versiegelt werden.

Die Erfahrung zeigt, dass bei der Produktion von Essig dieser keinen Kontakt zu Kalkverbindungen in Farben, Verputzen oder Fugenmassen bekommen darf: Essig zerfrisst Kalk einfach. Zu beachten ist außerdem die Fruchtfliege. Sie ist nicht nur ein hygienisches Problem, sondern gerät auch bei der Abfüllung immer wieder in die Flaschen. Deshalb sollten alle Räume mit Insektenschutzgittern, Fanglampen und eventuell Ventilatoren ausgestattet sein.

Die private Senfherstellung kann auch ohne Probleme in der Küche durchgeführt werden. Erst, wenn aus dem Hobby mehr werden sollte und die hergestellten Mengen einen Verkauf ermöglichen, wird auch hier ein entsprechender Raum notwendig.

Professionelle Maschinen braucht der Hobbyessigproduzent nicht. (© Archiv Fischerauer)

VERFAHREN ZUR ESSIGBEREITUNG

Bei der Bereitung von Essig unterscheidet man im Wesentlichen vier Verfahrensarten:

Oberflächenverfahren

Alle traditionellen Gärverfahren sind Oberflächenverfahren. Die meisten werden bereits seit mehr als 100 Jahren angewandt. Bei Oberflächenverfahren wird der Behälter nicht bewegt, die Luft streicht nur über die Oberfläche. Die Bakterienkulturen bleiben wegen ihres Sauerstoffbedarfes an der Oberfläche und bilden die Essigmutter. Diese Essigmutter vergärt das Grundprodukt nur sehr langsam. Wenn die Temperaturen zu niedrig sind, findet meistens keine Gärung statt.

Orleansverfahren

Bei diesem Verfahren werden Behälter verwendet, in denen die Flüssigkeit eine möglichst große Oberfläche bildet. Darüber streicht dann die Luft und versorgt die Bakterien mit Sauerstoff.

Verwendung finden folgende Behälter:
- liegende Holzfässer,
- breite Fässer mit niedriger Füllhöhe,
- abgedeckte Wannen mit niedriger Füllhöhe.

Besonders wichtig ist ein nicht zu hoher Flüssigkeitsstand, um eine gleichmäßige Vergärung zu erzielen. Gleichzeitig sind bei niedriger Füllhöhe eine größere Oberfläche und mehr Sauerstoffzufuhr gegeben, was die Gärung verbessert.

Während der Standzeit bildet sich an der Oberfläche die Essigmutter, die den Alkohol in Essigsäure umwandelt.

Vorteile

- sehr einfach, kann im Haushalt mit jeder größeren Flasche durchgeführt werden,
- keine großen Anschaffungen notwendig, da Holzfässer in beinahe jedem Betrieb vorhanden sind,
- wenig Arbeitsaufwand, weil nur Befüllen und Entleeren notwendig sind,
- beinahe kein Energieaufwand, wenn die Gärung im Sommer in einem warmen Raum durchgeführt wird. Im Winter fallen Heizkosten an.

Nachteile

- keine Steuerungsmöglichkeit,
- vielfach ene unzureichende Vergärung, weil die Bakterien nur an der Oberfläche mit genügend Sauerstoff versorgt werden,
- sehr lange Gärzeiten gestatten nur geringe Produktionsmengen.

Verbesserungsmöglichkeiten der offenen Gärverfahren

Eine Verbesserung des Vergärungsgrades kann durch die direkte Sauerstoffeinbringung von unten in das Getränk erreicht werden. Besonders zur Vergärung von Restalkoholmengen hat sich diese Methode gut bewährt. Für Kleinmengen sind Verteiler und Pumpen, wie sie in der Aquaristik verwendet werden, gut geeignet. Allerdings ist hier auf die Säurebeständigkeit zu achten. Der Verteiler wird am Boden des Behälters angebracht, und durch die Aquarienpumpe wird Luft in das Getränk eingepresst. Durch die feine Verteilung bilden sich gleichmäßige Luftblasen, die langsam im Getränk aufsteigen und dabei 20–60 % des Sauerstoffes abgeben. Die verbrauchte Luft sollte an der Oberfläche wieder austreten können. Bei nur teilweiser Belüftung sind keine Aromaeinbußen feststellbar. Allerdings ordnet man diese Methode eher dem Submersverfahren zu.

Fesselverfahren

Bei allen Fesselverfahren werden die Essigbakterien auf eine Trägersubstanz aufgebracht. Diese Trägersubstanz war anfangs ein Holzgitter oder ein anderer natürlicher Stoff.

Materialien, die zum „Binden“ der Essigbakterien geeignet sind:
- Holzgitter: Sie haben nur eine geringe Oberfläche, was zur Folge hat, dass die Bakterienkultur schnell verschleimt und teilweise abtropft. Gleichzeitig ist durch die geringe Oberfläche nur ein beschränkter Sauerstoffaustausch möglich. In den meisten Fällen war das Holzgitter aus Buchen- oder Birkenholz. Alle anderen Holzarten verändern den Geschmack durch das Einbringen von Gerbstoffen in den fertigen Essig.

- Buchenholzspäne: In weiterer Folge und zur Vergrößerung der Oberfläche werden Buchenholzspäne verwendet. Mit diesen grob gehobelten Spänen erzielt man eine große Oberfläche und dadurch besseren Sauerstoffaustausch. Gleichzeitig ist die Lebensdauer der Trägersubstanz höher, weil die vollständige Verschleimung länger dauert. Andere Spanarten als Buchenholz sind aufgrund ihres Gerbstoffgehaltes nicht zu empfehlen. Bei zu fein gehobelten Spänen ist die Reinigung oft ein Problem. Die Späne müssen vor dem Befüllen der Gebinde vollständig von Staub und anhaftendem Schmutz befreit werden. Durch die Wasseraufnahme des trockenen Holzes klebt Staub leicht an. Der anhaftende Staub würde sich im Essig verteilen und einen größeren Filtrationsaufwand notwendig machen. Am einfachsten ist es, mit einer Hobelmaschine etwa 2 mm dicke Röllchen zu hobeln und diese dann als Trägermaterial für die Essigherstellung zu verwenden.
- Maisspindeln: Sie eignen sich wegen ihrer großen Oberfläche und der doch recht großen Teilgröße sehr gut als Trägermaterial bei den einzelnen Fesselverfahren. Ein Vorteil gegenüber den Buchenholzspänen ist die leichtere Reinigung, da die Spindeln das Waschwasser nicht aufnehmen. Sie können entweder im Ganzen oder zerteilt eingebracht werden, wobei die Zerteilung eine weitere Oberflächenvergrößerung bewirkt. Die Maisspindeln sollten vor der Essigbereitung ausgekocht oder gedämpft werden, um das Risiko von Fremdpilzen zu minimieren.
- Kämme der Weinbereitung: Beim Rebeln von Weinbeeren fallen die Kämme als Rückstände an. Der Wuchs der Kämme ist sperrig, und sie sind unterschiedlich dick, das führt zu einer sehr lockeren Füllung mit großen Zwischenräumen. Durch diese großen Zwischenräume kommt es zu einer recht guten Belüftung. Gleichzeitig befinden sich auf den Kämmen schon von Natur aus recht große Mengen an Essigsäurebakterien. Allerdings entsprechen diese meistens nicht den Anforderungen, um einen guten Essig zu erzeugen. Ein weiterer Nachteil ist die teilweise Geschmacksbeeinflussung durch ausgelaugte Gerbstoffe.

In unseren Regionen werden vorwiegend Buchenholzspäne und Maisspindeln verwendet. Bei kleinen Gärbehältern sind der Einfachheit halber allerdings Maisspindeln vorzuziehen. Die Trägersubstanz sollte allerdings nicht zu lange im Behälter verbleiben, maximal für ein Jahr, damit es zu keiner negativen Geschmacksbeeinflussung kommt. Frische Buchenspäne erzeugen, wenn sie nicht vorgewässert werden, einen holzigen oder herben Geschmack. Ein adstringierender Ton, den frische Spanfüllungen und auch Metall verursachen, ist im Essig nicht erwünscht.

Das Fesselverfahren ist neben dem Standverfahren mit Essigmutter an der Oberfläche für den Hobbyproduzenten das einfachste und günstigste Herstellungsverfahren für einen schmackhaften Essig. Hierzu genügen eine kleine Hobelmaschine, ein Buchenscheit, ein kleines Fass oder ein kleiner Behälter mit Auslasshahn, der für die Essigproduktion geeignet ist, ein Leinentuch und etwas Startkultur. Schon steht der Essigproduktion nichts mehr im Wege!

Schneiden Sie mit der Hobelmaschine etwa 2 mm dicke Späne. Danach wird das Leinentuch wie ein Sack eingespannt und mit den Spänen befüllt. Etwa 5 l vergorener Most und 0,5 l Startkultur sind ideal für den Start und ein optimales Wachstum der Bakterien. Den Behälter an einem warmen Platz abstellen, dann alle 2 Tage etwa 0,5 l am Auslasshahn entnehmen und oben wieder einfüllen. Wenn der Essig sauer genug schmeckt, kann er verwendet werden.

Jede Entnahme von fertigem Essig kann wieder durch neuen Wein ersetzt werden, sodass die Essigbakterien ständig weiterarbeiten können.

Boerhaveverfahren

Bei diesem Verfahren werden Gärbottiche mit der Trägersubstanz befüllt. Meist werden Buchenholzspäne verwendet. Die Trägersubstanz wird mit einem Grundprodukt übergossen, das einen Alkoholgehalt unter 6 % vol. aufweist. Dieser Most oder Wein wird vor der Befüllung mit Essigbakterien beimpft. Es ist darauf zu achten, dass die Buchenspäne vollständig überschichtet werden. Der niedrige Alkoholgehalt ist bei der Erstbefüllung notwendig, um den Bakterien keinen Alkoholschock zu versetzen, wodurch sie in ihrer Aktivität beeinträchtigt würden.

Nach der Befüllung findet die Gärung ebenfalls noch ohne Bewegung statt. Die Belüftung erfolgt wöchentlich, indem die Flüssigkeit abgelassen wird. Danach wird der angegorene Essig neuerlich über die Späne gegossen. Wenn der Essig den gewünschten Säuregehalt hat, kann er entnommen und der Behälter neuerlich befüllt werden. Durch die Temperatur und die Anzahl der Entnahmen kann eine gewisse Steuerung erfolgen. Gleichzeitig erfolgt bei der Entnahme größerer Mengen auch eine Kühlung, womit zu hohe Temperaturen vermieden werden können. Es ist jedoch auch hier darauf zu achten, dass die Temperatur nicht unter 26 °C sinkt. Bei Wiederbefüllung mit neuem Grundmaterial sollten ungefähr 10 % der Essigmenge im Bottich verbleiben. Dann können auch Getränke mit höherem Alkoholgehalt eingefüllt werden, ohne die Essigbakterien zu beeinträchtigen.

Vorteile

- geringe Investitionskosten (nur ein Bottich und Späne sind notwendig),
- keine Energiekosten bei Vergärung im Sommer,
- geringer Arbeitsaufwand, da nur die Umfüllung notwendig ist.

Nachteile

- längere Gärdauer, weil keine kontinuierliche Belüftung erfolgt,
- bei zu später Neubefüllung teilweise Verderb und Absterben der Bakterien,
- Steuerung nur bedingt möglich (Wechselgeschwindigkeit und Anzahl der Belüftungen).

Drehbildnerverfahren

Dieses Verfahren kommt vom Drehwendefass. Ein liegendes Holzfass wird der Länge nach durch einen gelöcherten Boden geteilt. Eine Hälfte des geteilten Fasses wird mit Buchenspänen oder Maisspindeln befüllt. Der andere Teil bleibt frei. Über der Mittelachse sind Öffnungen, damit die Luft ungehindert einströmen kann. Das Fass wird dann zur Hälfte befüllt. Während des Wendevorganges, der einmal täglich erfolgen sollte, werden dann die Luftzutrittslöcher geschlossen, um ein Auslaufen zu verhindern. Durch die regelmäßige Belüftung der Späne kommt es zu reichlicher Sauerstoffzufuhr, was eine schnelle und recht gute Gärung bewirkt. Wichtig ist aber auch bei diesem Verfahren, streng darauf zu achten, dass die Temperatur nicht absinkt.

Dieses Drehbildnerverfahren funktioniert nicht nur mit Holzfässern; hier kann auch die moderne Technologie zum Einsatz kommen. So eignen sich beispielsweise ausrangierte Behälter aus der Rotweinbereitung hervorragend für dieses Verfahren. Die verschiedenen Möglichkeiten, Behälter zu drehen, sind eine Herausforderung für jeden Bastler: Besonders bei Kleinmengen lohnt es sich, zu experimentieren. Obwohl man mit dem Drehbildnerverfahren gute Erfolge erzielt, zählt es nicht zu den leistungsfähigsten Verfahren. Der Essig kann allerdings bei gleichbleibender Temperatur schon nach einer Woche fertig sein, sodass auch hier bei stetiger Befüllung große Mengen erzeugt werden können. Wenn der Essig den gesetzlichen Anforderungen entspricht, so werden ungefähr 80 % abgelassen. Der Rest verbleibt auch bei diesem Verfahren im Behälter, um als Bakterienquelle für die nächste Füllung zu dienen.

Mit etwas Bastelgeschick lässt sich aus einem alten Behältnis ein wertvolles Drehwendefass für die Essigproduktion gestalten.

Vorteile

- regelmäßige Durchlüftung ohne besonderen Mehraufwand,
- zeitlich steuerbar mittels Drehhilfen,
- schnelle Vergärung bei optimaler Temperatur,
- geringe Kosten im Eigenbau oder bei Verwendung von Holzfässern.

Nachteile

- fertige Behälter sind fast nicht erhältlich (allenfalls teure Sonderanfertigungen vom Fassbinder),
- verbesserte Formen sind baulich relativ aufwendig,
- einfache Geräte müssen mit der Hand bedient werden.

Schützenbachverfahren

Das Schützenbachverfahren ist derzeit das beste und einfachste für den kleinbäuerlichen Bereich. Dieses Verfahren unterscheidet sich vom Boerhave- und dem Drehbildnerverfahren hauptsächlich darin, dass die Trägersubstanz sich nie komplett in der Flüssigkeit befindet.

Beim Schützenbachverfahren werden Essigbildner verwendet, die in der Regel eine Höhe von zwei Metern und einen Durchmesser von einem Meter haben. Im oberen Drittel befindet sich als Zwischenschicht ein gelochter Boden.

Als Materialien hierfür eignen sich:

- Holz,
- glasfaserverstärkte Kunstharztanks,
- Steingutbehälter,
- Edelstahlbehälter.

Der gelochte Boden kann entweder aus Edelstahl oder aus Holz sein. Er trennt die Trägersubstanz vom Essig. Der Boden wird bis knapp unter der Oberfläche mit Spänen

Blick in einen Essigbildner des Schützenbachverfahrens. (© Archiv Fischerauer)

oder Maisspindeln befüllt, wobei sich hier die Maisspindeln als vorteilhafter erwiesen haben. Ein Ablaufhahn am Boden ist unbedingt notwendig. Durch ihn wird während der Vergärung immer wieder der Essig entnommen, der dann oben wieder eingefüllt wird. Die kontinuierliche Sauerstoffzufuhr kann ebenfalls von unten her erfolgen. Zumeist genügt aber der Sauerstoff, der von oben mit den flüssigen Teilchen mitgerissen wird.

Beim Schützenbachverfahren wird das Trägermaterial mit Essigbakterien beimpft. Gleichzeitig erfolgt eine Beimpfung des Rohproduktes, das bei erstmaliger Befüllung nicht mehr als 6 % vol. Alkohol enthalten sollte. Die Befüllung des Behälters erfolgt dann von oben, möglichst gleichmäßig über das Trägermaterial verteilt. Als Verteiler können Brausen, Sprühstege oder kleine Spritzköpfe verwendet werden. Der Gärständer wird dann so lange befüllt, bis der Raum unterhalb des Zwischenbodens zu ungefähr 80 % voll ist – dann sind alle Bakterien in das Getränk eingebracht. Wer keine neuen Bakterienkulturen zur Verfügung hat, kann sich auch mit gärendem Essig oder einer gesunden Essigmutter behelfen.

Danach wird der Essig mehrmals täglich von unten nach oben gepumpt. Beim Zurückrinnen nach unten streicht er am Trägermaterial vorbei, das sich allmählich mit einer Essigmutter überzieht. Durch die Sauerstoffeinbringung von unten, die hier ebenfalls mittels Verteilerfritten erfolgen kann, kommt es zu einer regelmäßigen Belüftung. Die Luft muss beim Aufsteigen ebenfalls die Trägerschicht passieren, was zu einer intensiven Vermehrung der Essigbakterien führt. So wird im Gegenstrom immer frischer Sauerstoff am Essig vorbeigeführt.

Gut bewährt sich, sechsmal am Tag jeweils ungefähr 15 Minuten lang zu pumpen. Dabei ist aber auch die Leistung der Pumpe zu beachten: Diese kann durchaus gering sein, wenn man bereit ist, länger zu pumpen. Dauerndes Pumpen führt allerdings nicht immer zu befriedigenden Ergebnissen, da der eingebrachte Sauerstoff nicht so schnell umgesetzt werden kann. Hinzu kommen sehr hohe Energiekosten. Die Steuerung der Pumpe erfolgt mittels Zeitschaltuhr. Das Trägermaterial sollte nie vollständig abtrocknen, um eine Schädigung der Bakterien zu vermeiden. Besonders wichtig ist, dass stets eine Temperatur von ungefähr 28 °C beibehalten wird. Bei der Anschaffung einer Pumpe ist besonders auf deren Säurebeständigkeit zu achten, um einen schwarzen Bruch im Essig sowie Schäden an der Pumpe zu vermeiden.

Vorteile

- recht gute Ergebnisse im Kleinbetrieb,
- verhältnismäßig billige Anschaffungskosten,
- durch Raumtemperatur leicht steuerbar,
- Geräte können ohne großen Arbeitsaufwand betrieben werden,
- Belüftung von unten reguliert Sauerstoffaufnahme im Gegenstrom.

Nachteile

- Energiekosten durch Pumpe, vor allem bei dauerndem Betrieb,
- Selbsterhaltung der Temperatur bei Heizungsausfall nicht möglich,
- Automatisierung nur bedingt möglich.

Rundpump- oder Generatorverfahren

Das Generatorverfahren, auch Großraumbildner- oder Rundpumpverfahren genannt, ähnelt prinzipiell dem Schützenbachverfahren. Der Essigbildner ist allerdings um einiges größer. Seine Größe macht während des Rundpumpens eine Kühlung der Maische notwendig, sonst würden durch die dabei entstehende zu große Wärme die Essigbakterien innerhalb kurzer Zeit geschädigt werden.

Gewöhnlich weisen diese meist aus Holz gefertigten Essigbildner eine Höhe von 4–5 Metern auf. Ihr Durchmesser beträgt zwischen 3,5 und 4 Metern. In diesen Generator werden dann auf einem Lochboden bis 60 m^3 Späne, fast immer aus Buchenholz, gefüllt. Es gibt aber auch extrem große Bildner, die bis zu 250 m^3 Späne fassen können.

Der umzuwandelnde Alkohol wird wie beim Schützenbachverfahren von oben gleichmäßig über die Späne verteilt. Die Flüssigkeit sickert dann von oben nach unten durch. Dabei wird jeden Meter die Temperatur gemessen, um Überhitzungen zu vermeiden. Ebenso wie beim Schützenbachverfahren wird auch hier die Luft von unten eingebracht, und zwar mittels Ventilator und Einbringdüse im Gegenstrom, um eine möglichst gute Sauerstoffausnutzung zu erreichen.

Der beginnende Essig wird am Boden des Essigbildners mittels Pumpe entnommen und nach oben geführt. Wenn der Großraumbildner vollständig arbeitet, so kann kontinuierlich zugeführt und entnommen werden. Ein Rundpumpen ist dann nicht mehr notwendig.

Zwischen Entnahme- und Aufbringstelle ist eine Kühlanlage angebracht, zumeist ein Röhrenkühler, um Platz zu sparen und eine entsprechende Kühlleistung zu erreichen. Die Flüssigkeit wird auf die vom Essigbildner benötigte Temperatur heruntergekühlt. Dies ist durch die erwähnten Messungen möglich. Über die aufgebrachte Menge sowie über die Steuerung der Luftzufuhr in den Essigbildner und die Temperatur der aufgebrachten Flüssigkeit kann eine Überhitzung im Generator verhindert werden. Die Arbeitstemperatur beträgt zwischen 28 und 32 °C. Durch diese Selbststeuerung ist die Essigbereitung von der Außentemperatur weitgehend unabhängig, sodass die Produktion auch in kühlen Räumen möglich ist. Bei kontinuierlichem Betrieb wird die Anlage über Kühlplatten im Innern des Behälters direkt gekühlt.

Die Leistung dieser Generatoren beträgt täglich ca. 5 l Alkohol oder mehr pro m^3 Späne. Somit erfolgt in 8–10 Tagen eine Umwandlung des Alkohols in Essigsäure mit einer Ausbeute von mehr als 90 %, was als sehr gut zu bezeichnen ist. Bei kontinuierlicher Produktion erfolgt die Umwandlung binnen 48 Stunden, abhängig von der Durchflussleistung. Großraumbildner werden und wurden bis vor Kurzem als Hauptproduktionstechnologie für die Essigbereitung eingesetzt. Kleine Essigbildner können auch in der bäuerlichen Obstverarbeitung verwendet werden. Großgeräte überschreiten die Kapazitäten bei Weitem. Die Späne werden je nach Verschleimungsgrad mehrere Jahre im Gerät belassen. Wenn ein Wechsel notwendig wird, ist das organische Material allerdings als Sondermüll zu entsorgen.

Automatisierte Essigproduktion mit Pumpen.
(© Archiv Fischerauer)

Vorteile

- Gerät steuert sich selbst,
- hohe Durchsatzleistungen bei bester Oxidation,
- sehr gute Qualität,
- große Produktionsmengen möglich,
- nicht abhängig von der Außentemperatur,
- beinahe vollautomatisch.

Nachteile

- für bäuerliche Betriebe meist zu groß,
- hohe Anschaffungskosten,
- nicht letzter Stand der Technik.

Submersgärverfahren

Das submerse Durchlüftungsverfahren ist der letzte Stand der Technik. Dieses erst seit relativ kurzer Zeit im Einsatz befindliche System wird zurzeit hauptsächlich in mittleren bis größeren Betrieben eingesetzt. In den letzten Jahren sind auch bereits Anlagen für Kleinbetriebe entwickelt worden. In diesen Anlagen wird in der ständig belüfteten Maische der Alkohol durch frei schwebende Essigbakterien in Essigsäure umgewandelt. Die Essigbakterien werden unter der Oberfläche (submers) belüftet und produzieren damit deutlich schneller Essig. Wenn aus der Essigproduktion mehr als ein Hobby werden soll, dann liegt man bei diesem Verfahren richtig. Es gibt für den Kleinproduzenten inzwischen gute und günstige Kleinanlagen, die innerhalb weniger Tage Essig herstellen. Dabei kommt es zu keiner Verschleimung der Trägersubstanz und zu einer besonders reinen Essiggärung.

Bei der Produktionsart wird unterschieden zwischen

- niedrigprozentiger Gärung und
- hochprozentiger Essiggärung.

Niedrigprozentiger Essig

Von niedrigprozentigem Essig spricht man, wenn der Essigsäuregehalt unter 9 % liegt. Bei diesem Essig, der von bäuerlichen Betrieben hauptsächlich produziert wird, besteht die Gefahr, dass er während der Erzeugung mit fremden Bakterien infiziert wird. Bei der erstmaligen Befüllung wird eine Mischung aus Fruchtwein und gärendem Essig eingefüllt. Da am Anfang möglichst große Mengen an Bakterien erzeugt werden müssen, wird ohne Frischluftzufuhr gearbeitet. Erst, wenn genügend Grundbakterien vorhanden sind, wird Frischluft zugeführt, weil dann keine Alkoholverluste mehr auftreten können. Wenn der Alkoholgehalt unter 0,3 % vol. gesunken ist, wird der Essig vom Acetator ausgestoßen und in den Reifetank gepumpt. Es verbleibt ein Teil (ungefähr 50 %) des fertigen Essigs zur Beimpfung der neuen Befüllung im Tank. Bei kontinuierlichem Betrieb wird immer so viel Essig entnommen, dass eine Neubefüllung den Alkoholgehalt nicht über 0,3 % vol. ansteigen lässt. Moderne Systeme arbeiten hierbei mit automatischen Steuerungen, sodass die Überwachung nur noch teilweise notwendig ist.

Temperatur, Belüftung und weitere Faktoren müssen kontrolliert werden. (© Archiv Fischerauer)

Hochprozentiger Essig

Diese Form der Essigbereitung ist für die bäuerliche Produktion eher ungeeignet. Mittels spezieller Bakteriennahrung und Enzymeinsatz wird der hohe Alkoholgehalt für die Bakterien verträglich gemacht. Es wird schon von Beginn an mit einer sehr hochprozentigen Grundlage, meistens mit einem hochprozentigen Essig gearbeitet. Der Grundgehalt an Essigsäure sollte bereits vor der Vergärung ungefähr 7 % betragen. Der restliche Gärvorgang entspricht dem vorher beschriebenen chargenweisen Betrieb. Insgesamt ist diese Bereitungsform sehr energieaufwendig und nur bei sehr großen Produktionsmengen sinnvoll.

Anhand der Belüftung wird zwischen zwei submersen Verfahren unterschieden:

Großanlage mit Turbinen

Diese Anlage, die von den Firmen je nach Größe fertig geliefert wird oder vor Ort installiert werden muss, besteht gewöhnlich aus dem Behälter zur Essigbereitung, einem speziellen Belüfter, der Schaumabtrenneinrichtung, einem Ausstoßtank, dem Kühler und der automatischen Regeleinrichtung. Im Gärtank erfolgt unter ständiger Belüftung eine Verwirbelung. Die Einbringung von Sauerstoff geschieht durch den am Boden befindlichen Belüfter, der gleichzeitig eine Rotation des Essigs hervorruft. Die Bakterien befinden sich direkt im Essig, sodass eine Verschleimung nicht möglich ist. Der fertige Essig, der durch die Regeleinrichtung automatisch ausgestoßen wird, kommt dann in den Ausstoßtank und wird von dort weg weiter behandelt. Wichtig ist hierbei schnelles Filtrieren, um die Bildung einer Essigmutter zu vermeiden. Bei größeren Anlagen wird hauptsächlich mit Strömungsfiltern gearbeitet.

Je nach Größe des Behälters ist eine tägliche Produktionskapazität zwischen 75 und 600 l Alkoholumsatz möglich. Die kleinste Anlage, die derzeit in Serie produziert wird, ermöglicht eine maximale Produktion von 21.000 l Essig bei einem Säuregehalt von 10 %. Dabei wird allerdings mit Essigbakterien in Reinkultur gearbeitet, um jegliche Fehler zu vermeiden. Die Umwandlung von Alkohol zu Essigsäure erfolgt gewöhnlich innerhalb von 36 Stunden. Allerdings ist zu beachten: je schneller die Anlage, desto weniger Fruchtaroma! Daher werden Großanlagen mit Turbinen üblicherweise nur zur Herstellung von Weingeist- und Spritessig verwendet.

Kleinanlage mit Venturidüsen

Bei diesen derzeit am häufigsten verwendeten Kleinanlagen, die in Größen zwischen 20 und 600 l Füllmenge hergestellt werden, erfolgt die Belüftung über Pumpensysteme mit eingebauten Venturidüsen. Die eingesaugte Luft wird zentral mikroverwirbelt, sodass die Umwandlungszeit 3–5 Tage beträgt. Dies ist abhängig vom Alkoholgehalt und den Gerbstoffen des Grundproduktes. Auch Schwefelgehalt und verschiedene Zusatzstoffe können die Produktion deutlich beeinflussen.

Diese Kleinanlagen sind für bäuerliche Produzenten sowie für Hobby-Essigmacher ideal, da durch die etwas längere Umwandlungszeit eine optimale Aromaausbeute mit bis zu 95%igem Wirkungsgrad möglich ist. Diese Anlagen sind vollständig aus Edelstahl gefertigt und beinhalten zumeist Kühl- und Heizvorrichtung, sodass in jedem Raum produziert werden kann.

Kühlsysteme schützen die Essigbakterien vor Überhitzung. (© Archiv Fischerauer)

Vorteile

- vollautomatischer Betrieb,
- keine Verschleimung,
- gleichbleibende Essigqualität bei gleicher Rohware,
- Säuregehalt kann genau gesteuert werden,
- geringe Überwachung notwendig,
- geringer Personalaufwand,
- alle Obstarten möglich.

Nachteile

- für Kleinbetriebe nur gemeinschaftlich interessant,
- relativ hohe Kosten,
- kann nur in wenigen Fällen voll ausgenutzt werden.

Das Verfahren der Balsamessigproduktion

Balsamessig, eine Spezialität des Raumes um Modena (Italien), zählt zu den teuersten Essigarten, die unsere Küche kennt. Er wird oft als Krönung der Essigproduktion bezeichnet. Was verleitet Konsumenten dazu, für einen fast schwarzen Essig einen derart hohen Preis zu bezahlen, für den er von anderen Essigarten schon beinahe ein Fass oder einen Kanister voll bekommen könnte? Andererseits stellt sich die Frage: Warum kostet Balsamessig im Supermarkt weniger als Apfelessig? Vielfach ergibt sich der Preis aus der Herstellungsmethode, wobei drei Arten bekannt sind:

- traditionelle Herstellung,
- günstige Herstellung mit Lagerung,
- Mischen – Verkaufen, Hauptsache billig.

Traditionelle Balsamessigproduktion

Balsamessig wird in einem traditionellen Verfahren erzeugt, das bisher noch keiner Modifizierung unterzogen wurde, sodass er heute so wie vor 100 Jahren schmeckt. Ein guter Balsamessig kann 30 und mehr Jahre brauchen, bis er seine unverwechselbare Qualität erreicht. Üblicherweise werden traditionelle Balsamessige nach 12 Jahren abgefüllt, da in dieser Zeit die Umwandlung des Zuckers zu Essigsäure erfolgt (auch temperaturabhängig). Was ist nun das Geheimnis dieses Essigs, und wie wird er produziert?

Balsamessig wird aus Trauben bereitet. Im Gebiet um Modena wird hauptsächlich die Trebbianotraube verwendet, die einen hellen Weißwein mit würzigem Aroma ergibt. Der Wein wird zumeist trocken ausgebaut. Vielfach wird die Traube auch zur Sektbereitung verwendet. Bei uns können beinahe alle Weißweinsorten, aber auch Fruchtweine zur Balsambereitung verwendet werden. Von den Fruchtweinen allerdings nur Apfel- oder Birnenwein, da Beeren oder Steinobst vollkommen untypische Produkte ergeben würden.

Wichtig ist eine vollreife Grundware mit möglichst hohem Zuckergehalt, um dem Balsamessig seine spezielle Würze zu verleihen und die Kochzeiten für den „Mosto Cotto" (den eingekochten Traubensaft bei der Balsamessigbereitung) möglichst kurz zu halten. Je höher der Zuckergehalt der Trauben oder des Obstes ist, desto schneller ist der Mindestzuckerwert erreicht.

Die Trauben werden gerebelt, nach einer Standzeit von etwa 3 Stunden gepresst und der Saft bis zum Eindicken gekocht. Ziel ist, einen Mindestzuckergehalt von 35 % zu erreichen, da es hier zumeist keine alkoholische Gärung mehr gibt. Das Einkochen dauert relativ lange, und der Saft beginnt zu gären, wodurch ein intensiver Karamellgeschmack entsteht. Die eingekochte Hefe verleiht dem Essig später nochmal einen intensiveren Geschmack. Mit diesem Eindickvorgang wird die Gärung unterbrochen und der Extraktgehalt des Essigs erhöht.

Je flacher die Eindickpfanne ist, umso schneller geht das Eindicken vor sich. Die Eiweißverbindungen, die während dieser Zeit als weißer Schaum an die Oberfläche steigen, werden ständig abgeschöpft. Der Einkochbehälter wird so lange befüllt, bis er voll ist und der Extraktgehalt des fertigen Konzentrates mindestens 35 ° Brix erreicht hat. Nicht jeder hat für die Messung ein Refraktometer zu Hause: Faustregel ist, dass dieser Wert bei Traubensaft bei etwa der Hälfte und bei Obstsäften bei etwa einem Drittel des Ausgangsvolumens erreicht ist.

Dieses Konzentrat lässt man auskühlen. In der Zwischenzeit setzen sich viele Gerbstoffe und das gesamte thermolabile Eiweiß, welches später Trübungen verursachen könnte, am Boden ab. Nach ungefähr drei Tagen Standzeit wird das Mostkonzentrat in das Essigfass gefüllt. Vielfach wird mit fertigem Essig, welcher möglichst hochprozentig sein sollte, angesäuert und damit gleichzeitig auch Essigkulturen eingebracht. Durch den leichten Säuregehalt sinkt für den Hobbyproduzenten das Schimmelrisiko.

Ein „Geheimnis" der Balsamessigbereitung ist die lange Gärdauer, wobei Zucker in Alkohol und dieser dann in Essigsäure umgewandelt wird. Ein weiteres „Geheimnis" ist die Verwendung verschiedener dunkler Holzarten, wie Eiche, Maulbeere und Kastanie. Jede dieser Holzarten bringt einen typischen, unverwechselbaren Charakter in den fertigen Essig ein.

Balsamicolager der Azienda Agricola Manicardi.
(© Archiv Fischerauer)

Zur Balsamessigbereitung sind verschieden große Holzfässer nötig, die aus den genannten Holzarten bestehen sollten. Diese Fässer sind teilweise gar nicht teuer, und wer sich die große Stückzahl sparen möchte, kann auch in einem einzigen Fass über mehrere Jahre arbeiten. Die Verdunstung bleibt trotzdem gleich, und auch der Essig schmeckt nicht schlechter. Die einzelnen Holzarten ermöglichen aber ein abgerundetes Produkt. Empfehlenswert ist je ein Fass zu 100 l, 70 l, 50 l, 30 l und 10 l.

Das erste Fass wird nun mit dem eingedickten „Mosto Cotto“ befüllt. Dazu kommen noch einige Liter eines gerade in Gärung befindlichen Balsamessigs oder, falls dieser nicht vorhanden ist, eines gewöhnlichen gärenden Essigs. Wichtig ist, dass das Fass nie voll befüllt wird, damit genügend Sauerstoff für die Essiggärung Platz hat. Gleichzeitig muss auch hier die Temperatur konstant gehalten werden. Besonders wichtig ist bei dieser Form der Essigbereitung, dass die Umgebungsluft nicht zu feucht sein darf, damit durch den Austausch der Fassdauben eine weitere Konzentration erfolgen kann. Der Essig verbleibt nun ein Jahr lang in diesem Fass. Sobald der nächste Konzentratmost vorliegt, wird er ins nächstkleinere Fass umgefüllt. Der neue Konzentratmost im ersten Fass wird nun mit dem in Gärung befindlichen Essig aus dem zweiten Fass beimpft und aufgefüllt, damit auch im zweiten Fass ein Luftraum entsteht. Wichtig ist dabei immer, dass zuerst das Fass mit der frischen Grundware befüllt wird, erst dann das kleinere Fass. Durch die Umfüllung kommt der bereits angegorene Essig mit Sauerstoff in Berührung, sodass die Gärung weitergehen kann. Nach einem Jahr erfolgt die nächste Umfüllung ins nächstkleinere Fass. Nach fünf Jahren kann dann dem letzten Fass Balsamessig entnommen werden. Durch die starke Verringerung der Menge und durch das hohe Alter erklärt sich auch der hohe Preis. Es gibt Verfahren, bei denen der Essig 25 Jahre braucht, bis er entnommen werden kann, doch diese Zeitspanne will ich dem geneigten Leser nicht zumuten.

Wichtig ist jedenfalls die Rückbefüllung mit älterem Essig, denn nur dadurch erhält man hochwertige Qualität.

Durch die Auslaugung der Holzverbindungen und durch das Einkochen kommt es zur dunklen Farbe. Nachdem nie der gesamte Zucker vergoren werden kann, schmeckt ein solcher Essig immer süßlich und wird deshalb besonders zur Abrundung vieler Speisen, aber natürlich auch für Salate verwendet.

Einfache Balsamessigherstellung im Hobbybereich

Diese Art der Herstellung ist speziell für Hobbyproduzenten recht gut geeignet, da durch das Mischen mit einem höherprozentigen Essig das Risiko von Fehlgärungen sehr gering ist. Auch die Kosten bleiben im Rahmen, da nur ein kleines Fass notwendig ist.

Für die Balsamessigherstellung im Hobbybereich genügt ein 10-l-Eichenfass. Der Traubensaft oder Fruchtsaft wird wie bei der traditionellen Balsamessigproduktion eingekocht: Traubensaft auf die Hälfte und Fruchtsaft auf ein Drittel. Danach ist es am besten, einen Essig mit etwa 10 % Säure zu organisieren, und lebende Startkulturen für die Essigproduktion. Geben Sie zu 7 l eingekochten Saftes 2 l hochprozentigen Essig und etwa 0,5 l Startkultur dazu.

Diesen gemischten „Jungessig“ in das Fass füllen und bei Raumtemperatur lagern. Wichtig ist, dass der Essig vor Insekten geschützt wird – das kann mit einem Leinentuch und aufgelegtem Spund recht einfach erfolgen. Bereits nach etwa 4 Jahren hat der Essig den Geruch und Geschmack des Holzes angenommen und kann verwendet werden.

Sollte während der Lagerung eine Essigmutter an der Oberfläche entstehen, so ist diese zu entfernen. Mit der Essigmutter können Sie andere Essige für das Oberflächenverfahren beimpfen und neu starten.

Günstige Herstellung mit Lagerung

Qualitätsbetriebe versuchen, den traditionellen Weg mit modernen Methoden zu verbinden, sodass der Essig günstiger wird, aber immer noch eine hohe Qualität aufweist. Üblicherweise wird dazu fertiger Essig mit einem Säuregehalt von mindestens 8 % mit Traubensaftkonzentrat oder eingedicktem Fruchtsaft verschnitten und mindestens 4 Jahre lang in Holzfässern gelagert. Während der Lagerungszeit laugt der Essig die Geschmacksstoffe des Holzes aus und intensiviert den Geschmack des Essigs. Um die dunkle Farbe zu erhalten, wird zumeist Zuckerfarbe (Karamell) zugesetzt. Bei einer Lagerung von mehr als 6 Jahren wird der Essig natürlich dunkel, beinahe schwarz. Durch den hohen Säuregehalt direkt zu Beginn ist das Risiko deutlich niedriger als bei der traditionellen Balsamessigbereitung. Wird so hergestellter Essig in Verkehr gebracht, so ist eine Mindestdichte von 1,09 notwendig, besser ist 1,14. Allerdings ist dabei der Anteil an eingekochtem Saft oder Konzentrat schon deutlich höher.

Mischen – Verkaufen, Hauptsache billig

Der Großteil der am Markt befindlichen Essige ist billigster „Essigmüll“, welcher aus Abfallwein, Traubensaftkonzentrat, oftmals auch Zuckercouleur, Holzextrakten, Schwefel und Konservierungsmittel hergestellt wird. Dabei werden die einzelnen Zutaten gemischt und dann in Flaschen abgefüllt. Diese Industrieprodukte sind zumeist zwar süß, weisen aber sonst keine Eigenschaften von Balsamessig auf. Moderne Betriebe verzichten teilweise auf das Färben und verkaufen dies dann als „weißen Balsamessig“. Damit ähnelt nicht einmal mehr die Farbe dem echten Balsamessig. Solange Konsumenten noch günstig und ohne Qualitätsansprüche einkaufen, besteht ein Markt für solche Produkte. Qualitätsessigproduzenten können diesem Trend nur durch Aufklärungsarbeit entgegenwirken.

DIE SÄUREBESTIMMUNG

Die Bestimmung der Säure ist im Essig etwas schwieriger als im Most. Vor allem muss die Säure hier genau bestimmt werden, um den gesetzlichen Mindestwert von 5 % nicht zu unterschreiten. Bei der Bestimmung mittels Blaulauge sind die Ergebnisse nicht so präzise, da für exakte Ergebnisse große Mengen verwendet werden müssten. Zur Essigbestimmung werden benötigt:

1 Standbürette mit mindestens 50 ml Inhalt
1 Erlenmeyerkolben 200 ml Enghals
1 Tropfflasche oder 1 Tropfer
1 Vollpipette 10 ml
Reagenzien:
Natronlauge 1 normal
Phenolphtaleinlösung als Indikator
Für die Essigbestimmung werden im 200-ml-Erlenmeyerkolben 10 ml Essig vor-

Bei der Titration mit Indikatorlösung nähert man sich dem Säuregehalt tropfenweise an. (© Archiv Fischerauer)

gelegt. Die Menge von 10 ml wird mit der Vollpipette gemessen. Anschließend werden drei Tropfen Phenolphtalein in den Essig gegeben. Die Titration mit Natronlauge erfolgt so lange, bis eine blassrosa Färbung auftritt. Danach wird der Verbrauch in ml abgelesen. Die Berechnung sieht folgendermaßen aus:

% Essigsäure = Verbrauch ml Natronlauge x 0,6

STABILISIERUNG UND KLÄRUNG

Stabilisierung

Schon sehr früh entdeckten findige Verarbeiter, dass durch Zugabe verschiedener Trennsäfte eine Klärung erreicht werden kann. Diese Trennsäfte stammten anfangs immer von Mostbirnen oder Speierlingen (Wildobstbäume aus der Familie der Rosengewächse), was auf deren hohen Gerbstoffgehalt zurückzuführen ist. Diese Mittel bezeichnete man als Schönungsmittel, wegen der Verschönerung des Saftes.

Ziele der Schönung

1. Vorklärung, um die nachfolgende Trubabtrennung zu erleichtern.
2. Stabilisierung aller im Produkt vorhandenen Stoffe, damit das blanke Getränk in der Flasche nicht trüb wird.
3. Verbesserung des Geschmacks (in manchen Fällen).

Die Hauptaufgabe der einzelnen Schönungsmittel besteht darin, ein Produkt zu schaffen, welches frei von Trübungsstoffen ist. Weiters ist vor nachfolgenden, beim fertigen Essig auftretenden Trübungen eine Stabilisierung der wichtigsten Inhaltstoffe notwendig, insbesondere von Eiweiß, und vor allem bei der Verwendung von Mostbirnen zur Essigbereitung zusätzlich die Stabilisierung der Gerbstoffe, die sich im Geschmack durch einen adstringierenden Ton bemerkbar machen.

Schönungsmittel helfen bei der Klärung des Essigs. (© Archiv Fischerauer)

Für die Essigproduktion kommen nur wenige Schönungsmittel infrage.

Gelatine

Gelatine, die als Speisegelatine eingesetzt wird, dient zur Klärung und einer teilweisen Geschmacksverbesserung durch den Entzug von gerbenden Stoffen. Sie wird trocken als Blatt- oder Pulvergelatine angeboten. Die Anwendung erfolgt nach Vorproben mit einer 1%igen Gelatinelösung. Gewöhnlich liegt diese Menge zwischen 5–30 g/hl oder 20–150 ml/hl.

Achtung: Soll der Essig vegan sein, dann darf keine Gelatine verwendet werden. Für die Klärung können stattdessen Erbsenproteine verwendet werden. Diese wirken beinahe gleich gut.

Kieselsol

Kieselsol besteht aus einer 15- bis 30%igen Kieselsäurelösung und wird zur Klärung von Säften verwendet. Die Verwendung erfolgt immer gemeinsam mit einer Gelatineschönung. Vorproben sind meistens nicht notwendig, da Kieselsol in einer zehnmal so großen Menge wie Gelatine angewandt wird.

Bentonit

Bentonit – hochquellfähige Tonerde aus vulkanischer Asche – dient dazu, das Eiweiß der Frucht zu entfernen. Gleichzeitig entzieht Bentonit auch unangenehm schmeckende Bitterstoffe aus dem Grundwein. Es können ebenso Trägerstoffe von Spritzmitteln sowie Schwermetalle (Luftverschmutzung) entzogen werden. Bei der Saftbereitung werden gewöhnlich Mischbentonite in einer Menge von 300 g/hl verwendet.

Das verwendete Bentonit muss zehn Stunden lang vorquellen und kann dann zugesetzt werden. Nach der Zugabe muss es ungefähr 15 Minuten lang in Schwebe gehalten werden.

Der Einsatz der verschiedenen Behandlungsmittel hängt vom gewünschten Endprodukt ab. Zur Stabilisierung von Essig empfehlen sich eine Gelatineschönung, sofern sie nicht schon beim Grundprodukt durchgeführt wurde, und eine Eiweißstabilisierung. Diese ist auch dann durchzuführen, wenn sie schon beim Ausgangswein vorgenommen wurde, weil während der Gärung immer wieder Eiweißverbindungen entstehen, die den fertigen Essig trüben können.

Stabilisierung von Gerbstoffen und Vorklärung vor der Filtration

Die Gerbstoffe im fertigen Essig werden durch eine Gelatineschönung vollständig stabilisiert. Diese erfolgt hier mit flüssiger oder pulvriger Gelatine nach Vorproben. Damit die Gelatineschönung, die gleichzeitig eine Vorklärung bedingt, auch entsprechend wirkt, wird gewöhnlich noch Kieselsol als Absetzhilfe verwendet. Die Absetzzeit beträgt in einem speziellen Tank 1–3 Tage im fertigen Rohessig. Eine Schönung im Gärbehälter egal welcher Art kann zu einer Beeinträchtigung der Essigbakterien führen und ist zu vermeiden. Der Schönungstrub setzt sich ab und kann vor der Flaschenfüllung durch Filtration vollständig entfernt werden.

Stabilisierung von Eiweiß und Bakterien

Die Eiweißstabilisierung ist bei der Essigproduktion beinahe unumgänglich, um ein vollkommen blankes Produkt längere Zeit zu erhalten. Gewöhnlich kommt es ohne Eiweißstabilisierung bei starken Temperaturschwankungen zu einem Ausflocken des thermolabilen (temperaturabhängigen) Eiweiß. Dieses kann durch zwei Methoden entfernt werden:

Schönung mittels Bentonit

Bei der Bentonitschönung wird das thermolabile Eiweiß vom Bentonit aufgenommen und aus dem fertigen Essig entfernt. Ob eine Schönung notwendig ist, wird am einfachsten durch einen „Kälte-Wärme-Test“ festgestellt, bei dem der Essig zuerst im Kühlschrank gekühlt, anschließend auf ungefähr 50 °C erhitzt und dann wieder rückgekühlt wird. Treten hierbei Trübungen auf, so ist das Eiweiß im Essig nicht stabil und der Essig muss geschönt werden. Die Menge kann entweder durch Vorproben ermittelt werden, oder es wird pauschal von 300 g/hl ausgegangen.

Erhitzen auf 60–65 °C mit anschließender Rückkühlung

Dieses Verfahren ist energieaufwendiger als die Bentonitschönung, führt aber ebenso sicher zum Ziel. Durch die Temperatur wird das Eiweiß zerstört und flockt aus. Der Vorteil dieses Verfahrens gegenüber der Schönung ist, dass die Bakterien – besonders die nicht erwünschten Schleimbakterien – mit zerstört werden. Die Schleimbakterien können zur Bildung einer Essigmutter in der Flasche führen. Allerdings ist bei diesem Verfahren eine Geschmacksbeeinträchtigung zu bemerken, besonders, wenn der Essig nicht sofort nach der Erhitzung rückgekühlt wird. De Rückkühlung kann durch einen zweiten Wärmetauscher erfolgen. Als vorteilhaft hat sich hier das Prinzip der Plattenwärmetauscher erwiesen, das kürzeste Erhitzungszeiten und, bei Verwendung eines zweiten Wärmetauschers, auch eine Rückkühlung ermöglicht. Nach dieser Behandlung flockt das Eiweiß aus und bildet zusammen mit den bereits zerstörten Bakterien am Boden einen Satz, der abfiltriert werden kann.

Klärung des fertigen Essigs

Vielfach wünscht der Konsument einen klaren Essig. Dieser Wunsch entstammt oft noch der Zeit, in der nur klarer Essig verkauft werden durfte. Moderne Produzenten verkaufen inzwischen allerdings auch naturtrübe Essige, da diese deutlich mehr Aroma haben. Klare Essige sind allerdings stabiler als trübe. Vor allem die Entfernung der Essigbakterien ist notwendig, damit es zu keiner Überoxidation kommt, was sonst einen zu geringen Essiggehalt oder die Bildung einer Essighaut mit sich bringen würde. Jeder Essig sollte filtriert werden, damit nicht unerwünschte Essigälchen oder tote Essigfliegen im fertigen Produkt verbleiben.

Es gibt drei Arten der Filtration:

Schichtenfiltration

Bei der Schichtenfiltration wird die trübe Flüssigkeit durch eine Filterschicht aus Zellulose gedrückt. Die Filterschicht hat eine glatte und eine grobe Seite, wobei die grobe Seite immer die Eingangsseite ist. Zumeist wird mit sehr feinen Klärschichten gearbeitet, um einen hohen Klärungsgrad zu erreichen.

Die einfachste Form der Schichtenfiltration ist ein Faltenfilter (ähnlich einem Kaffeefilter) in einem Trichter, durch den der fertige Essig filtriert wird. Wird hierfür die feinste Porengröße gewählt, dann wird der Essig klar.

Die Filtration dient zur Entfernung kleinster unerwünschter Partikel aus dem Essig. (© Archiv Fischerauer)

Kieselgurfiltration

Der Hauptvorteil dieser Form der Filtration, die als Anschwemmfiltration bezeichnet wird, liegt in der kostengünstigen Bewältigung sehr großer Filtrationsmengen. Bei der Essigbereitung dient Kieselgur allerdings nur zu Vorfiltration. Ihre Klärschärfe reicht nicht aus, um Bakterien zu entfernen.

Membranfiltration

Besonders bei größeren Anlagen ist heute die Filtration durch eine genormte Membran Standard. Wegen der relativ hohen Kosten werden Membranfilter nur in der gewerblichen Essigproduktion verwendet.

Will der Produzent die sterile Abfüllung umgehen, so kann der Essig auch warm in Flaschen gefüllt werden. Dieses Verfahren ist vom Hobbyanwender bis zum Direktvermarkter das heute übliche Verfahren zur Haltbarmachung. Es ist allerdings ein Durchlauferhitzer notwendig, um Säureverluste durch längere Erwärmung zu verhindern. Die Abfüllung erfolgt mit etwa 55 °C, damit das Aroma im fertigen Essig nicht zerstört wird.

DIE FLASCHENFÜLLUNG

Das Abfüllen des Essigs in Flaschen sichert die Qualität über längere Zeit. Wenn der Essig warm abgefüllt wird, bildet sich in der Flasche keine Essigmutter. Soll der Essig verkauft oder verschenkt werden, müssen gewisse Bestimmungen eingehalten werden. So sollte er noch vor der Flaschenfüllung in einem Labor oder einer Untersuchungsanstalt auf seine Verkehrsfähigkeit, besonders Alkohol und Säure betreffend, untersucht werden. Gegebenenfalls kann hierbei noch nachgesteuert werden. Die Flaschenfüllung selhst kann meist mit einfachen Geräten bewerkstelligt werden, zu beachten ist lediglich die einheitliche Füllmenge gemäß Inhaltsangabe.

Möglichkeiten zur Flaschenfüllung

Einfache Abfüllung mit Schlauch

Bei dieser Variante, die sich besonders für Kleinmengen eignet, wird der gereinigte und filtrierte Essig in einen Behälter gefüllt, der über den abzufüllenden Flaschen steht. Dann wird ein Gummi- oder ein lebensmittelechter Schlauch in den Behälter eingeführt. Durch einen Gummiball kann im Schlauch ein Unterdruck erzeugt werden, sodass der Essig in die Flaschen rinnt. Alternativ werden auch Geräte mit einem Gummistopfen angeboten, bei denen durch einen Druckball ein Überdruck erzeugt wird, der den Essig in die Flasche drückt. Eine gleichmäßige Befüllung der Flaschen ist mit beiden Varianten nur bedingt machbar.

Die Handabfüllung eignet sich nur für die private Essigherstellung. (© Archiv Fischerauer)

Abfüllung durch Niveaufüller

Einfache Niveaufüller, einstellig bis mehrstellig, ermöglichen die gleichmäßige Füllung aller Flaschen, da das Flüssigkeitsniveau im Vorratsbehälter immer gleich bleibt beziehungsweise durch einen Schwimmer geregelt werden kann. Dabei werden die Flaschen durch eine Hohlstange, die in die Flasche reicht, befüllt. Die Füllmenge kann über den Schwimmer voreingestellt werden. Mit einem mehrstelligen Füller können bereits größere Mengen bewältigt werden. Während die eine Flasche befüllt wird, wird die andere bereits abgenommen. Bei etwas besser ausgestatteten Füllern brauchen die Flaschen nicht mehr gehalten zu werden. Bei der Heißabfüllung ist wichtig, dass der Vorratsbehälter aus Edelstahl sein muss, um ein Auslaugen des Weichmachers zu verhindern. Derartige Füller können auch für Fruchtsäfte und Obstwein verwendet werden.

Rundfüller

Diese Geräte werden in kleineren und auch größeren Betrieben verwendet. Wenn nur Essig produziert werden soll, sind sie meist zu groß dimensioniert. Sie bieten allerdings die Möglichkeit, auch Kleinflaschen kontinuierlich zu befüllen.

Unabhängig vom verwendeten Gerät muss immer auf peinliche Sauberkeit vor der Abfüllung geachtet werden. Wir dürfen nicht vergessen, dass Essig sehr bakterienanfällig ist, auch wenn er selbst durch Bakterien entsteht. Werden mit dem Abfüllgerät auch Saft oder Obstwein gefüllt, so ist es vorher unbedingt mit einem für Lebensmittel geeigneten Mittel zu reinigen. Am besten eignen sich Laugen, die gleichzeitig die Essigsäure binden und neutralisieren.

Wenn die Flaschen befüllt sind, müssen sie sofort verschlossen werden, um zu verhindern, dass Schimmel, Kahmhefen oder überoxidierende Bakterien hineingelangen. Andernfalls bildet sich bereits nach wenigen Tagen an der Oberfläche eine weiße Haut (Essigmutter oder Kahmhefe). Diese Haut sieht unappetitlich aus und kann zu Beanstandungen durch den Konsumenten führen.

Die Flaschenverschlüsse

Es dürfen nur Verschlüsse oder Verschlusstechniken verwendet werden, die ein Öffnen vor der Konsumation jederzeit ersichtlich machen würden. Das heißt, dass der Verschluss entweder eine Sollbruchlinie (wie bei Mineralwasser), einen Unterdruck (knackt beim ersten Öffnen) oder einen Siegelstreifen aufweisen muss.

Kork

Kork, einer der ältesten Verschlussstoffe, wird heute bei der Essigbereitung gern verwendet, besonders Griffkorken mit Holz- oder Korkgriff, da sie zusätzlich formschön sind. Gleichzeitig bieten sie den Vorteil, dass die Flasche damit immer wieder verschlossen werden kann, im Gegensatz zu Korken ohne Griff. Kork kann allerdings nur dann verwendet werden, wenn der Essig kalt gefüllt wird. Bei der Heißfüllung würde der Korken beim Abkühlen in die Flasche hineingesaugt werden.

Kunststoff

Dieser Verschlussstoff, der nicht immer dem Umweltschutzgedanken entspricht, wird in der Essigvermarktung häufig eingesetzt. Vor allem billigere Produkte werden mit Kunststoffverschlüssen mit Sollbruchlinie angeboten. Im Haushalt oder im bäuerlichen Betrieb sollte dieses Material eher nicht verwendet werden. Seine Vorteile bezüglich Reinheit und Hygiene sind allerdings nicht zu leugnen. Die Sollbruchlinie kann mit einfachen Hitzegeräten problemlos geschlossen werden. Es gibt auch bereits einige kleine Anrollgeräte dafür. Gummikappen, wie sie in Großmutters Küchenkästen zu finden waren, zählen ebenfalls zu den Kunststoffen, dürfen allerdings nur bei Heißfüllung verwendet werden (Öffnungsregel). Aus hygienischen und optischen Gründen sind sie nicht zu empfehlen.

Metallverschlüsse

Sie werden von der Industrie für höherwertige Essigarten verwendet, erfordern aber durch das Anrollgerät eine höhere Investition und sind deshalb nur bei wirklich großen Produktionsmengen zu empfehlen.

Kunststoffverschlüsse sind kostengünstig, für den Privatgebrauch aber nicht zu empfehlen.
(© Archiv Fischerauer)

DIE KENNZEICHNUNG FÜR DEN VERKAUF

Das Etikett ist das Schmuckstück des selbst hergestellten Essigs und präsentiert der Welt dessen Qualität. Selbst wenn der Essig verschenkt wird, soll der Beschenkte wissen, von wem das feine Produkt ist. Natürlich gilt das auch für den Gesetzgeber, sollte der Essig verkauft werden. Für die Kennzeichnung ist seit 2014 die EU-Lebensmittelinformationsverordnung maßgeblich, die jeweiligen nationalen Lebensmittelbücher gelten ergänzend.

Es wird zwischen Haupt- und Rückenetikett unterschieden. Alle wichtigen Informationen müssen auf dem Hauptetikett direkt im Sichtfeld zu finden sein.

Sachbezeichnung

Die Sachbezeichnung gibt den Inhalt in der Verpackung an. Sie setzt sich aus Obstart und Produkt zusammen, wobei das Produkt nie allein verwendet werden darf. Bei einem Essig aus Apfelwein lautet die Sachbezeichnung „Apfelessig". Ein Zusatz fremder Stoffe, wie Honig oder Saft, muss ebenfalls auf dem Etikett stehen.

Säuregehalt

Der Säuregehalt, der unbedingt vor der Flaschenfüllung ermittelt werden muss, muss in direktem Zusammenhang mit der Sachbezeichnung auf dem Hauptetikett zu finden sein. In Österreich muss der Säuregehalt mindestens 5 % betragen. Unser Beispielessig weist einen Säuregehalt von 6 % auf, also muss am Etikett „6 % Säure" stehen.

Essigart

Nachdem für uns nur Gärungsessig infrage kommt, wird auf dem Etikett „Reiner Gärungsessig" zu lesen sein.

Name und Adresse

Nachdem jeder, der Lebensmittel in Verkehr bringt, auch dafür haftet, dass diese in Ordnung sind, muss immer der Abfüller oder Vertreiber auf dem Etikett genannt werden. Der Beispielproduzent nennt sich „Franz Essig“ und ist wohnhaft in „Schützenbachstr. 5, A-8000 Sauerdorf“; auch das muss dem Hauptetikett zu entnehmen sein. Die Telefonnummer ist als Verkaufshilfe recht nützlich, muss aber nicht am Etikett angegeben werden.

Nettofüllmenge

Nachdem heute viele Gebinde bereits am Boden eine Einprägung der Nettofüllmenge haben, ist diese auf dem Etikett nicht immer zu finden, würde dort aber Missverständnissen beim Konsumenten vorbeugen. Besonders lange, schlanke Flaschen täuschen oft eine größere Füllmenge vor, als tatsächlich in der Flasche ist. Der Beispielessig weist eine hohe Qualität auf und wird in 0,5-l-Flaschen abgefüllt, was als „0,5 Liter“ am Etikett steht.

Chargennummer

Jedes Lebensmittel, dessen Haltbarkeitsdatum nicht mit Tag, Monat und Jahreszahl gekennzeichnet ist, muss eine eigene Chargennummer haben, die vom Produzenten selbst vergeben wird. Diese Nummer, die durch ein großes „L“ (für das Produktionslos) erkennbar ist, wird bei jeder Abfüllung neu vergeben, sodass bei Problemen mit dem Produkt jederzeit jede Flasche rückverfolgbar ist. Nachdem die Beispielabfüllung die erste ist, bekommt sie die Nummer „L11AE“, die nicht auf dem Hauptetikett stehen muss.

Zutatenliste

Werden zur Bereitung des Essigs oder vor der Abfüllung geschmacksabrundende Stoffe oder Kräuter zugesetzt, so sind diese ebenfalls am Etikett anzuführen. Wichtig ist dabei die mengenmäßig absteigende Reihenfolge aller Zutaten. Bei einem Kräuteressig könnte die Zutatenliste etwa folgendermaßen lauten: „Zutaten: Apfelessig, Oregano, Salbei, Petersilie und Salz“.

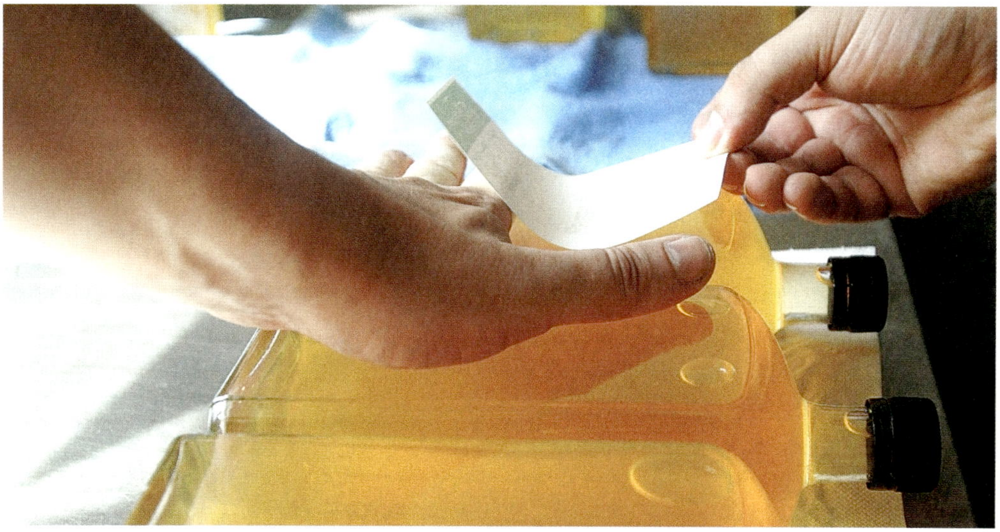

Mit dem eigenen Etikett runden Sie Ihr Werk ab und weisen dessen Inhalt aus. (© Archiv Fischerauer)

Kennzeichnungselemente von Essig

Etikett	Kennzeichnungselement
Apfelessig	*Sachbezeichnung*
6% Säure	*Essigsäuregehalt*
Reiner Gärungsessig	*Essigart*
0,5 Liter	*Nettofüllmenge*
Franz Essig Schützenbachstraße 5 A-8000 Sauerdorf Tel. 03333/3333	*Name und Adresse*
L11AE	*Chargennummer (mit „L“ im Text)*

Etikett	Kennzeichnungselement
Kräuteressig	*Sachbezeichnung*
6% Säure	*Essigsäuregehalt*
Reiner Gärungsessig	*Essigart*
0,5 Liter	*Nettofüllmenge*
Franz Essig Schützenbachstraße 5 A-8000 Sauerdorf Tel. 03333/3333	*Name und Adresse*
Zutaten: Apfelessig, Oregano, Salbei, Petersilie, Salz	*Zutatenliste*
L11AE	*Chargennummer (mit „L“ im Text)*

DIE WIRTSCHAFTLICHKEIT DER ESSIGBEREITUNG

Wenn aus dem Gurkenglas mit Essigmutter ein Hobby mit hochwertigen Ergebnissen werden soll oder eine Möglichkeit gesucht wird, das anfallende Obst eines größeren Gartens zu verarbeiten, dann kann über eine kleine Essiganlage nachgedacht werden. Im Folgenden soll der Einstieg in die „größere" Hobbyproduktion von der finanziellen Seite beleuchtet werden. Wir kalkulieren mit Zahlen und Kosten, wie sie heute für den Start mit einer kleinen Venturianlage anfallen. Als technische Ausstattung wird von einer 20-l-Anlage zum Preis von 5290 Euro und einer Pumpe um 195 Euro ausgegangen, wobei die Wirtschaftlichkeitsrechnung nur für Apfelessig angelegt wurde. Wenn teurere Obstarten und hochwertige Grundweine verarbeitet werden, ist der Gewinn entsprechend höher anzusiedeln.

Investitionen

Damit vernünftig produziert werden kann, sollte zumindest der Boden eines kleinen Raumes oder Bereiches verfliest werden. Wenn eine Waschküche oder ein Wirtschaftsraum mit Bodenabfluss vorhanden ist, kann diese Investition entfallen. Der größte Teil der Investition ist die Essiganlage. Benötigt werden noch eine kleine Pumpe und verschiedene Behälter für Gärung und Lagerung.

Berechnung der Investitionskosten

	Anschaffungspreis in €	Apfelessig			
		Kosten pro Jahr			
		Abschreibung		Instandhaltung	
		%	Euro	%	Euro
Bauliche Maßnahmen Boden verfliesen	1.390,00	5,00	69,50	2,00	27,80
Maschinen und Geräte Essiganlage 20 l Venturi	5.290,00	10,00	529,00	2,00	105,80
Pumpe	195,00	10,00	9,75	2,00	3,90
Gär- und Lagerbehälter	870,00	10,00	87,00	2,00	17,40
Summe	7.745,00		845,25		184,90
		Zinssatz in %	Zinsansatz/Jahr		
Eigenkapital		2,50	193,63		

Berechnung der Wirtschaftlichkeit der Essigproduktion

1. Roherlöse/Jahr		Nettokosten je Liter	Euro / Charge	Euro / Jahr
Netto-Durchschnittspreis in Euro je Liter	1,95	2,60		
Jahresproduktion in Liter 20 Liter Anlage	1.155,83			
Jahresproduktion gesamt	1.155,83			
Produktionsmenge je Charge in Liter	8,00			
Jahresproduktion eigener Verkauf	1.155,83		15,57	3.422,08
Davon % in Flaschen gefüllt	60			
Gesamtsumme aller Erlöse			**15,57**	**3.422,08**
2. Variable Kosten/Jahr				
Rohwarekosten Obst	0,20			
Ausbeute in %	70,00			
Rohwarekosten je Liter	0,29			
Filterschichten je Stück	1,02			
Wasserkosten je m³	0,73			
Stromkosten je KW	0,27	Prozent auf Menge	Stück	Kosten
Flaschenkosten 0,25 L	0,23	100 %	2.774	638,02
Etikettenkosten	0,020			
Rohwarekosten			2,29	330,24
Filtration Schichten gesamtverbrauch	16		0,11	16,32
Energieverbrauch in KW	10		0,04	2,70
Wasserverbrauch in m³	5		0,05	3,65
Flaschen			4,42	638,02
Etiketten			0,38	55,48
Summe variabler Kosten			**7,29**	**1.046,41**
Deckungsbeitrag = Erlös - variable Kosten			**8,29**	**2.375,67**
3. Fixkosten - Kapitalkosten				
Abschreibung				845,25
Instandhaltung				184,90
Zinsen				193,63
Kapitalkosten gesamt				1.223,78
Feste Kosten insgesamt				1.223,78
Gesamtkosten (feste und variable)				2.270,18
Gewinnbeitrag = Erlös-Gesamtkosten				1.151,89

4. Arbeitszeiterhebung				
Kosten je Akh		11,00		
	je Charge	je Jahr	je Charge	je Jahr
Akh/Jahr für Verarbeitung und Abfüllung	0,35	50,57	3,85	556,24
Akh/Jahr für Vermarktung	0,05	7,22	0,55	79,46
Summe Akh		58		
Gesamtkosten Arbeit			4,40	635,71
Gewinn nach Abzug der Arbeit				516,18
5. Auswertung				
Summe Roherlöse/Jahr				3.422,08
abzügl. variable Kosten/Jahr				1.046,41
Deckungsbeitrag Direktvermarktung/Jahr				2.375,67
abzügl. Fixkosten/Jahr				1.223,78
Einkommensbeitrag der Direktvermarktung / Jahr				1.151,89
nicht entlohnte Arbeitskraftstunden/Jahr				57,79
Einkommensbeitrag/nicht entlohne AkH				19,93

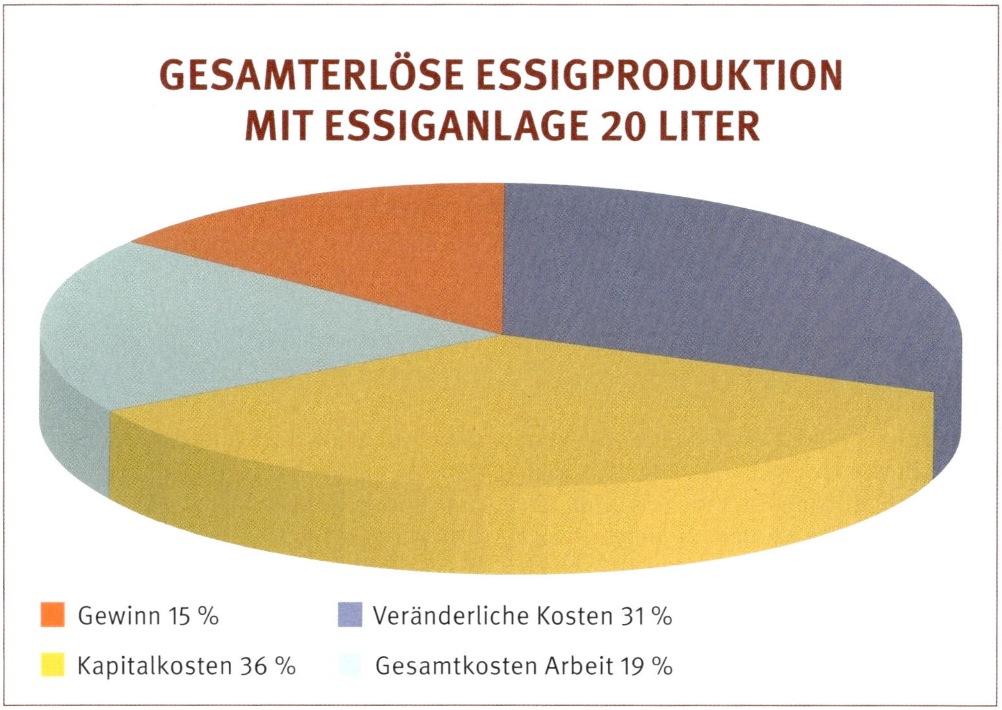

Mit der 20-l-Anlage ist eine Jahresproduktion von etwa 1150 l möglich, da der Essig jeweils in etwa 2–3 Tagen fertig wird. Die veränderlichen Kosten setzen sich aus dem Grundprodukt Apfelwein sowie dem Strom- und Kühlwasserverbrauch der Anlage zusammen. Flaschen, Etiketten und Verschlüsse sind natürlich ebenfalls zu berücksichtigen.

In der grafischen Verteilung ist ersichtlich, dass mit relativ geringen Kapitalkosten und nicht allzu viel Arbeit ein beträchtlicher Gewinn möglich ist. Dieser hängt jedoch immer von der Menge des hergestellten Essigs sowie von der Kalkulation des Verkaufspreises ab.

KRANKHEITEN UND SCHÄDLINGE DES ESSIGS

Im kleinen Rahmen hergestellter Essig ist aufgrund seines relativ niedrigen Säuregehaltes anfällig. Einige Hauptfehler, die immer wieder zu Beanstandungen führen, sollen hier kurz genannt werden.

Schwarz- oder Dunkelfärbung

Dabei färbt sich der Essig in der Flasche oder im Fass dunkel bis schwarz. Dieser Vorgang ist zurückzuführen auf Eisen, das mit Eiweiß reagiert. Der Essig muss zumindest einer Bentonitschönung unterzogen werden. Allerdings ist nicht jede dunkle Färbung ein schwarzer Bruch. Nicht ganz fertiger Essig neigt bei Sauerstoffkontakt oft ebenfalls zur Schwarzfärbung. Dies kann durch Fertiggären oder durch Hochkurzzeiterhitzung unterbunden werden. Bei der Erhitzung werden die Bräunungsenzyme inaktiviert und so die Verfärbung ausgeschaltet.

Trübungen

Essig sollte grundsätzlich blank in Verkehr gebracht werden. Trübungen durch Eiweiß oder noch lebende Bakterien müssen unbedingt entfernt werden. Zumeist erfolgt dies durch Filtration, vorzugsweise durch Entkeimungsschichten hindurch. Ist die Trübung auf Eiweiß zurückzuführen, so wurde die Bentonitschönung nicht oder nur unzureichend durchgeführt. Weitere mögliche Gründe für eine Trübung können Milchsäurebakterien aus dem Grundprodukt oder auch Eisenphosphate sein. Wurden Grundprodukt und Essig mittels Schönungen stabilisiert, so ist das Auftreten von Trübungen eher unwahrscheinlich. Diese sind in den meisten Fällen auf ungenaues oder unsauberes Arbeiten zurückzuführen.

Essigälchen

Essigälchen (*Anguillula aceti*), die zu den Nematoden zählen, haben eine Länge von 1–1,5 mm und eine Breite zwischen 0,03 und 0,04 mm; durch ihre Größe sind sie leicht zu erkennen. Der Körper der Älchen ist durchsichtig, sodass sie im Essig wie kleine Würmer aussehen. Nachdem der Essig geschüttelt wurde, bewegen sie sich schlangenartig in Richtung Oberfläche. Sie leben gewöhnlich während der Produktion zusammen mit den Bakterien an der Oberfläche des Essigs. Essigälchen sind besonders lichtempfindlich und sterben bei Lichtkontakt bereits nach etwa 40 Stunden ab. Sie können leicht abfiltriert werden. Bei unfiltrierten Essigen können sie jedoch auch bis zum Verkauf überleben, was als starke Qualitätsbeeinträchtigung angesehen wird. Die Essigälchen können mit einer Jodlösung leicht sichtbar gemacht werden, da sie sich braun färben. Man sieht sie auch mit einer

Lupe vor einem dunklen Hintergrund. Essigälchen sterben bei der Erhitzung ab und bilden dann einen Bodensatz.

Kahmhefen

Bei warmer Lagerung oder schlecht verschlossenen Flaschen können an der Oberfläche immer wieder Kahmhefen auftreten. Besonders die Gattungen *Hansenula anomala* und *Pichia membranaefaciensis*, die beide an der Oberfläche eine leicht gerunzelte weiße bis braune Haut bilden, treten sehr häufig auf. Diese Hefen sind ein Beanstandungsgrund und vermindern die Qualität des Essigs. Ohne Sauerstoff und bei entsprechender Sauberkeit kommt es allerdings kaum zur Kahmhefebildung. Wenn sie auftritt, sind die Gebinde zu entleeren, zu reinigen und wiederum neu zu befüllen. Der Essig sollte allerdings auch noch einmal filtriert werden. Kahmige Essige dürfen nicht verkauft werden.

KRÄUTER-, GEWÜRZ- UND AROMAESSIG

In vielen Feinkostläden werden mittlerweile aromatisierte Essige angeboten, besonders Kräuteressige und Essigarten mit Fruchtaromen. Bei den Fruchtaromen ist die Himbeere aufgrund ihres intensiven Eigengeschmacks sehr beliebt. Beim genauen Studium des Etiketts findet der Kenner oft die Bezeichnung „aromatisiert“, was auf die Verwendung von nicht natürlichem Aroma hindeutet. Vielfach wird dabei naturidentes Aroma verwendet. Nur zu dekorativen Zwecken (Färbung) sind einige Früchte zu finden.

Diese Essigsorten können vom bäuerlichen Produzenten zur Erweiterung seiner Produktpalette sehr einfach gewonnen werden. Wichtig ist, dass frische Kräuter oder Früchte verwendet werden, denn Essig, der aus getrockneten Früchten bzw. Kräutern erzeugt wird, hat meist eine unnatürliche Farbe und zu wenig Aroma.

Im Folgenden unterscheiden wir:
- Kräuteressig,
- Gewürz- und Aromaessig,
- Fruchtaromaessig.

Verwenden Sie ausschließlich frische Kräuter, am besten aus dem eigenen Garten. (© Archiv Fischerauer)

Je nach gewünschter Geschmacksrichtung ist ein entsprechender Essig zu verwenden, der fehlerfrei sein muss und ein möglichst geringes Eigenaroma aufweisen sollte. Besonders bewährt haben sich Apfel- und Weinessig, wobei nicht jede Geschmacksrichtung mit dem typischen Essigton harmoniert. Weißweinessig kann diesbezüglich allerdings mit Apfelessig fast gleichgesetzt werden, sodass nur der Rotweinessig mit seinen Mischprodukten getrennt genannt wird. Hier werden die Grundlagen all dieser Essigarten beschrieben. Genaue Rezepte finden sich im Anschluss.

KRÄUTERESSIG

Zur Herstellung von Kräuteressig ist die Ausstattung der meisten Hobbyproduzenten vollkommen ausreichend, da nur Essig, ein Behälter zur Aromatisierung, der Filter und die Kräuter benötigt werden. Der Behälter, in dem die Auslaugung erfolgt, kann entweder aus Glas, lebensmittelechtem Kunststoff oder Edelstahl sein. Sehr gut bewährt haben sich kleine Edelstahlbehälter mit einer großen Einfüllöffnung, da sie sehr leicht befüllt und gereinigt werden können. Ich selbst setze auch sehr gern in großen Gurkengläsern an, da hier recht einfach etwas dazugegeben oder herausgenommen werden kann.

Damit der Essig den gewünschten Ton bekommt, muss man die wichtigsten Kräuter und ihre Geschmacksrichtungen kennen. Kräuter mit einem feinen, wenig intensiven Aroma und einer hellen Farbe, die vom Essig nicht beeinträchtigt werden soll, werden in Weißweinessig angesetzt. Apfelessig eignet sich für aromaintensive Kräuter und Würzessige. Produkte, die ein sehr schweres Aroma aufweisen oder für dunkles Fleisch verwendet werden sollen, müssen unbedingt mit Rotweinessig hergestellt werden.

Kräuter, die mit Weißweinessig angesetzt werden sollten, in alphabetischer Reihenfolge:

- Basilikum,
- Estragon,
- Melisse,
- Thymian,
- Quendel.

Kräuter, die mit Apfelessig den besten Geschmack ergeben, in alphabetischer Reihenfolge:

- Bärlauch,
- Korianderblatt,
- Majoran,
- Tannenwipfel,
- Veilchenblüte,
- Zitronenthymian.

Kräuter, die mit Rotweinessig oder dunklen Vollfruchtessigarten angesetzt werden, in alphabetischer Reihenfolge:

- Knoblauch,
- Liebstöckl,
- Minze,
- Oregano,
- Petersilie,
- Rosmarin,
- Zwiebel.

Thymian eignet sich besonders zum Ansetzen mit Weißweinessig. (© iStock Photo / Katharina Rau)

Herstellung von Kräuteressig

Wenn der Essig vollkommen stabilisiert und reintönig ist, kann er für Kräuteressig verwendet werden. Fehlerhafter Essig kann zwar durch das Aroma der Kräuter überdeckt werden, ist aber immer noch als solcher erkennbar. Die Kräuter sollten unbedingt frisch sein. Um genügend frische Kräuter zu haben, empfiehlt sich das Anlegen eines Kräutergartens. Wem dies zu arbeitsaufwendig ist, der kann die Kräuter in diversen Gartenbaubetrieben kaufen.

Prinzipiell sollte pro Kräuteressig nicht mehr als ein Kraut verwendet werden, um ein reintöniges Geschmacksbild zu erreichen. Werden jedoch Kräutermischungen verwendet, so ist immer auf eine harmonische Zusammensetzung zu achten (siehe Rezepte). Wichtig ist, nie zwei intensive Kräuterarten miteinander zu mischen. Wenn geschmacksintensive Arten mit weniger intensiven gemischt werden sollen, dann ist auf die unterschiedliche Ansatzzeit zu achten.

In der Praxis hat es sich bewährt, verschiedene Kräuter getrennt anzusetzen und die fertigen Essige im Anschluss zu einem feinfruchtigen Gemisch (Cuvée) zu verschneiden. Mein persönlicher Lieblingsessig besteht aus 55 % Basilikumansatzessig, 15 % Knoblauchansatz und 40 % Majoranessig. Diese Mischung ist einfach perfekt für fast alle Salate.

Salbei ist u. a. Bestandteil des traditionellen Räuberessigs. (© Archiv Fischerauer)

Die frischen Kräuter werden durch grobes Zerreißen zerkleinert. Beim Zerkleinern muss man aufpassen, dass keine zu feinen Teile entstehen, da durch zu intensiven Aromenaustausch das Geschmacksbild verändert werden kann. Die Menge der benötigten Kräuter ergibt sich aus dem gewünschten Geschmack und sollte durch eigene Versuche ermittelt werden. Gewöhnlich kann man sagen, dass 15 % des Gesamtvolumens durch Kräuter erreicht werden sollten. Das heißt: Wenn ich 10 l Essig habe, sind mindestens 1,5 l frische Kräuter notwendig. Je mehr Kräuter verwendet werden, um so kürzer kann die Ansatzzeit sein.

Der Essigansatz muss unbedingt dunkel erfolgen, da Licht zu einer Braunfärbung der Kräuter und damit Verfärbung des Essigs führt. In den meisten Fällen beträgt die Ansatzzeit bei einer Temperatur von 18 °C zwischen zwei und vier Wochen. Dieser Zeitraum ist jedoch nicht fix und muss vom Produzenten öfters kontrolliert werden. Bewährt hat sich eine Verkostung in etwa dreitägigem Abstand. Hat der Essig genügend Kräuteraroma beziehungsweise die Intensität der letzten Charge (Kontrollflasche aufbewahren!), so wird er von den Kräutern genommen. Der Essig wird dann filtriert und in die Flaschen gefüllt. Die verkaufsfertige Flasche wird oft noch mit ganzen Kräuterteilen versetzt, um das Aroma zu stabilisieren – außerdem sieht eine solche Flasche auch appetitlich aus.

GEWÜRZ- UND AROMAESSIG

Von der Vorgehensweise her sind Gewürz- und Aromaessig gleich herzustellen wie Kräuteressig, allerdings kann bei einigen Produkten die Ansatzzeit entfallen. Zu dieser Gruppe zählen alle Aromarichtungen, die aus Gewürzen stammen und nicht zu den Früchten zählen.

Die wichtigsten Geschmacks- und Geruchsrichtungen werden hier aufgezählt, wobei zwischen Gewürzen und „Aromen" unterschieden wird.

Gewürze

- Ingwer,
- Kren / Meerrettich,
- Kümmel,
- Peperoni,
- Pfeffer,
- Senfkörner.

Aroma

- Orangen-/Zitronenschalen,
- Honig,
- Blütenauszüge, wie Rosen, Nelken, Veilchen und Lavendel,
- Fichten-/Lärchenspitzen,
- Rosinen.

Bei all diesen Gewürzen und Aromen erfolgt ebenfalls ein Auszug bei ungefähr 18 °C in einem dunklen Behälter. Einzig und allein der Honig wird nur eingerührt. Die Zeit des Ansatzes hängt wiederum von der Stärke ab, wobei scharfe Gewürze eher kürzer im Essig verbleiben sollten, damit das Endprodukt noch genießbar ist. Vorsicht ist auch beim Kren geboten, da er den Essig schärfer erscheinen lässt. Hier empfiehlt sich eine Abrundung mit Honig oder Zucker. Bei den Blütenauszügen ist eine längere Verweildauer notwendig, um das volle Aroma zu erreichen. Hier sollte der Essig auch möglichst farblos sein (eventuell mit 3 g/l Aktivkohle vorbehandeln), damit die Farbe der Blüten im Getränk erkennbar ist.

Sehr gute Erfolge gibt es mit verschiedenfarbigen Rosenblättern, die ihre Farben in den Essig einbringen. Um das Produkt leichter zu verkaufen, wird auch hier die Verwendung von Blüten, Rosinen oder Gewürzteilchen in der Flasche empfohlen.

FRUCHTAROMAESSIG

Damit sind nicht Vollfruchtessige mit dem Aroma der Frucht gemeint, sondern Essige, die mit dem typischen Geruch und Geschmack bestimmter Früchte versetzt wurden. Das Versetzen erfolgt ebenfalls auf dem Auszugswege. Als Rohmaterial kommt wieder ein möglichst geschmacksneutraler Essig infrage, also Weißwein- oder Apfelessig. Wie bei den Kräuteressigen darf auch hier nur bester Essig verwendet werden. Die Früchte müssen unbedingt frisch oder tiefgefroren sein, wobei Frischfrüchte ein etwas intensiveres Aroma ergeben.

Für diese Essige können folgende Früchte empfohlen werden:

- Himbeeren,
- Kultur-/Walderdbeeren,
- Süß-/Sauerkirschen,
- Quitten,
- Säfte von verschiedenen anderen geschmacksintensiven Obstarten.

Die Früchte werden mit dem Essig angesetzt, wobei auf 100 l Essig ungefähr 20–25 l Früchte zu verwenden sind, damit das Aroma wirklich intensiv und fruchtig wird. Der hierbei verwendete Essig muss einen Säuregehalt von mindestens 7 % aufweisen, da durch den Flüssigkeitsaustausch mit den Früchten Essigsäure verloren geht und somit der gesetzliche Wert von 5 % Säure nicht erreicht werden könnte.

Die Auslaugzeit beträgt zwischen zwei und acht Wochen, was wieder durch eine Verkostung ermittelt werden muss. In die Flasche kommen nur Früchte von kleinfrüchtigen Obstarten. Große Früchte müssen vor dem Ansetzvorgang unbedingt zerkleinert werden, um eine ausreichende Aromaauslaugung zu erzielen.

(© iStock Photo / a_namenko)

SHRUB – FRUCHTIGER ESSIGSIRUP

Der Shrub ist die edle Variante des klassischen Sirups. Er schmeckt hervorragend in verschiedenen Getränken, als Bestandteil von Chutneys und Dressings sowie zu ausgefallenen Desserts. Wenn der Shrub wie ein Sirup abgefüllt wird, ist er mindestens 18 Monate lang haltbar.

„Shrub" kommt aus dem Arabischen und bedeutet „trinken". Das Wort ist verwandt mit „sharba", dem arabischen Wort für Sirup. Ursprünglich wurden Shrubs mit Zitrusfrüchten hergestellt, inzwischen hauptsächlich mit Himbeeren, Schwarzen Johannisbeeren und Rhabarber. Es können auch alle anderen geschmacksintensiven Früchte verwendet werden. Grundsätzlich besteht der Shrub aus drei Zutaten, mit denen der Geschmack hergestellt wird:

Essig

Grundsätzlich sind alle Essige für die Verwendung in Shrubs geeignet. Einerseits können intensive Fruchtessige verwendet werden, wenn der Geschmack des Essigs mit den Früchten harmonisieren soll. Andererseits kann es genügen, einen schlanken, wenig intensiven Essig zu verwenden, wenn die Früchte im Vordergrund stehen sollen und der Essig nur die Säure bringt.

Aus Früchten, Essig und Zucker wird das süß-saure Trendgetränk Shrub. (© Alexander Stiegler / lexpix.at)

In diesem Fall eignet sich Apfelessig oder ein guter Rotweinessig.

Früchte

Je geschmacksintensiver die Früchte sind, desto intensiver wird der Shrub, deshalb waren Himbeeren und Zitrusfrüchte die zumeist verwendeten Sorten. Bei der Produktion eines guten Shrubs zählt nicht das Aussehen der Früchte, sondern der Geschmack. Vollreife, beinahe schon überreife Früchte eignen sich am besten.

Zucker

Den besten Geschmack gibt einfach raffinierter Rohrzucker. Es können aber auch alle anderen Zuckerarten verwendet werden. Weißer Zucker gibt wenig Eigengeschmack, dafür hebt er den Geschmack der anderen beiden Zutaten. Dunkler Rohrzucker oder Mascobadozucker geben viel Eigengeschmack und eignen sich eher für dunkle Shrubs. Somit gibt es eine große Vielfalt an Kombinationsmöglichkeiten.

Wie wird Shrub hergestellt?

Es gibt zwei Arten der Shrub-Herstellung: ein Verfahren, bei dem die Früchte mit dem Zucker gekocht werden und erst beim Auskühlen der Essig zugesetzt wird, oder das (für mich bessere) Verfahren der Kaltextraktion der Aromen. Beiden gemeinsam sind die Anteile der Zutaten: je zu einem Drittel Essig, Früchte und Zucker.

Zuerst werden die Früchte gewaschen und gereinigt. Die Zerkleinerung kann entweder mit den Händen (bei Beeren) oder mit einem Messer erfolgen. Ideal sind geviertelte Früchte. Steinobst wird entsteint, beim Kernobst wird der innere Teil herausgeschnitten. Die Schale bleibt immer drauf,

Nach dem Einlegen der Früchte in Zucker wird der entstandene Sirup abgegossen. (© Alexander Stiegler / lexpix.at)

weil bei den meisten Obstarten der Fruchtgeschmack in der Schale zu finden ist.

Die „heiße“ Variante

Bei diesem Verfahren werden frische Früchte zusammen mit dem Zucker zu gleichen Anteilen vermischt, auf dem Herd aufgekocht und etwa 5 Minuten langsam kochen gelassen. Danach auf etwa 40 °C auskühlen lassen und den Essig zugeben. Geben Sie den Essig zu früh dazu, dann verdunstet die Essigsäure und der Shrub wird einseitig süß.

Nach einer Standzeit von etwa 3–4 Stunden den flüssigen Anteil abseihen, in Flaschen füllen und im Kühlschrank aufbewahren.

Die „kalte“ Variante

Kalter Shrub bringt das Aroma der Früchte intensiver heraus, allerdings dauert die Produktion etwas länger. Der Mengenanteil bleibt gleich. Die Früchte werden mit dem Zucker vermischt, umgerührt und dann für ein bis zwei Tage in den Kühlschrank gestellt. Wenn die Früchte komplett von einer flüssigen Zuckerlösung umgeben sind, wird der Sirup über ein Sieb abgegossen. Die Feststoffe können noch etwas ausgedrückt werden. Sollte sich noch etwas Zucker am Boden befinden, dann wird auch dieser in den Sirup eingebracht.

Nun kommt der Essig dazu. Gut mischen und in eine saubere Flasche füllen. Der Shrub kann mehrere Monate lang im Kühlschrank aufbewahrt werden.

Der fertige Shrub reift bei der Lagerung nach und wird harmonischer. Vereinzelt kommt es auch zu einer leichten Gärung, welche jedoch zumeist von der Essigsäure unterbunden wird. Nach etwa zwei Wochen ist der Shrub komplett harmonisch.

Sauber abgefüllt und gekühlt, ist selbst gemachter Shrub monatelang haltbar. (© Alexander Stiegler / lexpix.at)

(© iStock Photo / Mutlu Kurtbas)

ESSIG ALS KONSERVIERUNGSMITTEL

Essig kann nicht nur als Würzmittel verwendet werden, sondern eignet sich aufgrund seines Säuregehaltes sehr gut zur Konservierung. Typische und wohl die häufigsten Vertreter dieser Produktgruppe sind die Essiggurken. Ob nun Obst oder Gemüse in Essig konserviert werden, wichtig ist immer, sowohl beim Essig als auch bei den Einlagen nur beste Qualität zu verwenden. Das sollte selbstverständlich sein: Konservierung darf nie als Überschuss- oder Abfallverwertung angesehen werden. Gemüse muss unbedingt frisch geerntet worden sein; gelagert hat es zu wenige Inhaltsstoffe, und durch die Vorbehandlung bleibt oft nicht einmal das Aroma übrig. Sollte das Gemüse welke Teile oder kleine Faulstellen aufweisen, so sollten diese großzügig entfernt werden.

Wo die Verarbeitung des Gemüses der des Obstes entspricht, wird an dieser Stelle nicht gesondert darauf eingegangen. Auch die notwendige Technik zur Konservierung großer Mengen kann hier nicht thematisiert werden.

Es können beinahe alle Früchte und Gemüsearten zu Sauerkonserven verarbeitet werden. Gewisse scharfe oder blähende Produkte sollten zuvor in Wasser erhitzt werden, um die problematischen Inhaltsstoffe auszuschalten. Bei der Auswahl der Einlagen steht die Vielfalt im Vordergrund. Die wichtigsten Rezepte sind im Rezeptteil beschrieben. Im Prinzip sind der Fantasie keine Grenze gesetzt, es müssen lediglich die wichtigsten Verfahrensschritte und die jeweils notwendigen Temperaturen eingehalten werden.

Verfahrensschritte bei der Herstellung von Sauerkonserven

- Rohware reinigen und von Stielen, Blättern und Schalen befreien. Stoffe, die nicht essbar sind, sollten auch nicht konserviert werden. Oft bewirken diese Teile auch eine negative Geschmacksbeeinflussung des Endproduktes.
- Zerkleinern auf die gewünschte Größe.
- Blanchieren der frischen Ware, um negative (blähende, bittere, scharfe ...) Komponenten zu entfernen. Gewöhnlich wird die frische Rohware bei einer Temperatur von ungefähr 80 °C wenige Minuten vorgekocht. Besonders empfehlenswert ist dies bei Artischocken, allen Arten von Kohlgemüse und Bohnen. Andere Gemüsearten brauchen nur kurz in heißem Wasser vorbehandelt zu werden, damit die grüne Farbe und der Geschmack erhalten bleiben. Im Kleinen können dazu große Töpfe verwendet werden. Bei grö-

ßeren Produktionsmengen werden Blanchierkessel oder Schneckenblancheure verwendet. Harte Früchte, die eine längere Einkochzeit benötigen, werden ebenfalls vorgekocht. Es ist zu vermeiden, dass Teile der konservierten Früchte noch roh sind.

- Befüllen der Gläser. Je nach Gemüseart sind verschiedene Mischungsarten oder Größen erwünscht. Gleichzeitig richtet sich der Zerkleinerungsgrad aber auch nach der Kochdauer, damit die eingelegten Früchte oder Gemüse auch vollständig durch sind. Rohe Teile führen vielfach zu einem biologischen Verderb.
- Vorbereiten der Einkochlösung. Je nach Rezept sind gewisse Geschmacksstoffe erwünscht. Für uns ist hier allerdings nur die Konservierung interessant. Dazu sollte der Essig einen möglichst hohen Säuregehalt von 7 % oder mehr haben. Enthält der eigene Essig zu wenig Säure, kann bei der Konservierung für den Hausgebrauch auch industriell hergestellter Einlegeessig zugesetzt werden. Er sollte aber immer mit eigenem Essig verschnitten werden, um nicht zu künstliche Produkte zu erzeugen.
- Übergießen der Einkochware mit der Lösung. Zumeist wird die Konservierungslösung heiß über die Rohware gegossen, um die nachfolgende Erhitzung möglichst kurz zu halten. Die Erhitzungszeit hängt immer von der eingelegten Ware ab.
- Verschließen der Behälter. Bei Glasbehältern erfolgt dies meist mit Gummi und Verschlussspangen. Schraubverschlüsse aus Metall bieten den Vorteil, keinen Dichtungsring zu haben, der mit der Zeit porös und undicht werden kann. Außerdem braucht man keine Spangen, was einen Arbeitsschritt erspart und somit eine höhere Leistung ermöglicht.
- Kochen im verschlossenen Behälter. Um das Produkt auch für längere Zeit haltbar zu machen, muss die Flüssigkeit zusammen mit dem Obst oder Gemüse gekocht werden. Dieser Vorgang (Pasteurisation) dauert je nach Gebindegröße bzw. Dicke des zu pasteurisierenden Gutes unterschiedlich lange. Die Temperatur von 90 °C gilt für beinahe alle Einkochwaren. Beim Erhitzen auf diese Temperatur muss unbedingt auf das Wasserbad, in dem die Gläser stehen, geachtet werden. Würde kein Wasser als Erhitzungsmedium verwendet, so käme es nur am Boden zu intensiver Erhitzung und das Kochgut würde anbrennen. Um die Temperatur zu kontrollieren, verwendet man in einem nicht verschlossenen Glas ein Einkochthermometer. Erst, wenn im Kern des Glases eine Minute lang eine Temperatur von mindestens 90 °C geherrscht hat, kommt es zu keinen Gärungen mehr. Zur Erhitzung eignen sich spezielle Einkochtöpfe oder Elektroherde mit einer Wasserbadmöglichkeit. Sollte die Verarbeitung über Haushaltsmengen hinausgehen, so wird mit einem Kasten- oder Tunnelpasteur, in dem Erhitzung und Rückkühlung erfolgen können, gearbeitet.
- Rückkühlung der erhitzten Gläser. Sobald die beschriebene Temperatur erreicht ist, können die Gläser aus dem Wasserbad entnommen werden. Um eine möglichst hohe Qualität zu erreichen, sollte der Auskühlvorgang verkürzt durchgeführt werden. Früher war es üblich, die frischen Gläser möglichst langsam auskühlen zu lassen. Dies führt jedoch zu einer verstärkten Zerstörung der Vitamine, vielfach auch zu einer Aromabeeinträchtigung oder sogar zum Zerkochen. Heute werden die frischen Gläser entweder in einen küh-

len Raum gebracht oder mit einem feinen Sprühregen kalten Wassers rückgekühlt. Vorsicht! Wenn die auftreffende Wassermenge zu groß ist, springt das Glas.

Dieses Verfahren führt immer zu haltbaren Produkten. Es gibt auch Möglichkeiten, durch besonders hochprozentigen Essig Lebensmittel haltbar zu machen, die allerdings sofort nach dem Öffnen zu verbrauchen sind. Dazu zählen Spargel, Kapern und auch Gurken. Bei diesem Verfahren werden die jeweiligen Gemüsearten in heißem Salzwasser vorgekocht, anschließend getrocknet und mit Essig übergossen. Nach ungefähr zehn Tagen wird der Essig abgegossen und nochmals erwärmt. Dieser heiße Essig wird dann wiederum über das Gemüse geleert, und erst dann werden die Gläser fest verschlossen. Hier sollte als Verschluss immer nur ein Schraubdeckel aus Metall verwendet werden. Der Essig, der für die Haltbarmachung ohne Erhitzen verwendet wird, sollte mindestens 10 % Säure aufweisen, um die natürlichen Infektionsmöglichkeiten vollkommen auszuschalten. Durch die vorgekochten Gemüsearten, denen im Salzwasser Flüssigkeit entzogen wurde, kommt es zu einer nur geringen Verminderung des Säuregehaltes.

Essig ist ein klassisches Konservierungsmittel mit ganz eigener Note. (© iStock Photo / Zbynek Pospisil)

ESSIGREZEPTE

Die folgenden Rezepte sind lediglich ein Auszug aus den vielfältigen Möglichkeiten der Essigbereitung. Speisen, bei denen der Essig nur als Würzmittel dient, werden mit einigen typischen Beispielen gestreift.

KRÄUTERESSIG

Kräuteressige können, wie oben beschrieben, rein- oder gemischtsortig angesetzt werden. Die Rezepte sind, wenn nicht anders angegeben, auf einen Liter Essig abgestimmt und können je nach Geschmack verändert werden. Wenn größere oder kleinere Mengen benötigt werden, ist dies angegeben.

BASILIKUM-WEIHNACHTSESSIG

1 l Weißweinessig
30 g Basilikumblätter
5 Zimtstangen
wenige Gewürznelken
15 g Zucker

Alle Zutaten werden vermischt, wobei auf die vollständige Auflösung des Zuckers zu achten ist. Die Zimtstangen sollen grob zerkleinert werden, um einen intensiven Zimtton zu erreichen. Anschließend mindestens drei Wochen lang im Dunkeln ansetzen. Der Essig muss vor der Flaschenfüllung unbedingt filtriert werden. Als Dekoration kann eine Zimtstange in der Flasche verwendet werden. Dieser Essig mit dem typischen Geschmack von Weihnachtsgebäck eignet sich für Grillsaucen und „exotische" Gerichte, aber auch zur Abrundung einzelner Süßspeisen.

BASILIKUMESSIG

Frisches Basilikum, in Blumentöpfen gezogen, kann man das ganze Jahr über kaufen.

1 l Weißwein- oder Apfelessig
40 g frische Basilikumblätter
etwas Salz
10 grüne Pfefferkörner

Alle Zutaten werden zusammen in einen Behälter gegeben und mindestens vier Wochen lang bei 18 °C dunkel stehen gelassen. Die Zutaten können zusammen mit dem Essig in die Flasche gefüllt werden. Pfeffer und Salz verstärken das Aroma.

BASILIKUMESSIG MIT KNOBLAUCH UND ZWIEBEL

1 l Weißwein- oder Apfelessig
50 g Basilikum
etwas Salz
5 Knoblauchzehen
¼ Zwiebel

Der Herstellungsvorgang ist der gleiche wie oben, allerdings müssen Zwiebel und Knoblauch vor der Flaschenfüllung entfernt werden, um einen zu intensiven Geschmack zu vermeiden. Dieser Essig passt besonders gut zu mit Olivenöl angerichteten Salaten

---

BASILIKUM-DILL-ESSIG MIT ROSA PFEFFER

1 l Weißweinessig
20 g Basilikum
25 g Dillkraut
30 g rosa Pfeffer

Mit Ausnahme des Pfeffers werden alle Zutaten grob zerkleinert. Beim Pfeffer sollen nur wenige Körner grob zerschlagen werden, um einen zu scharfen Ton zu vermeiden. Die Ansatzdauer sollte nicht mehr als drei Wochen betragen. Diese Essigspezialität, die eine feine Schärfe und ein elegantes Dillaroma aufweist, eignet sich gut für Fischspezialitäten. Besonders Lachs und Lachsforellen erhalten dadurch einen sehr zarten Geschmack.

BASILIKUM-ZITRONENMELISSEN-ESSIG

1 l Apfelessig
40 g Basilikum
30 g Zitronenmelisse
etwas rosa Pfeffer

Die zerkleinerten Kräuter werden zusammen mit dem Essig und dem Pfeffer 4–6 Wochen lang angesetzt, anschließend filtriert und in Flaschen gefüllt. Als Dekoration können einige der namensgebenden Kräuter in die Flasche gegeben werden.

Basilikumessig
Basilikum-Dill-Essig
mit rosa Pfeffer

Estragonessig

BASILIKUMESSIG MIT ZITRONEN UND ORANGEN

1 l Apfelessig
50 g Basilikum
1 Zitrone
2 Orangen

Die geschälten und zerkleinerten Früchte werden zusammen mit dem Basilikum angesetzt und mindestens drei Wochen im Dunkeln ausgelaugt. Dann wird der frische Essig in Flaschen gefüllt. Als Dekoration empfehlen sich Basilikum und Orangenschalen in der Flasche, die gleichzeitig das Aroma noch etwas abrunden. Dieser Spezialessig mit etwas exotischem Geschmack eignet sich besonders zur Abrundung von Süßspeisen oder Salaten der fernöstlichen Küche.

ESTRAGONESSIG

1 l Apfelessig
40 g Estragonblätter
etwas Salz

Der Ansatz braucht mindestens vier Wochen, wobei besonders auf den dunklen Aufstellungsort zu achten ist. Estragonessig eignet sich mit seinem intensiven Aroma besonders für die Bereitung von Senf und Saucen.

MAJORANESSIG

1 l Rotweinessig
40 g geschnittene Majoranblätter
10 g Kümmel

Die Zutaten werden ungefähr sechs Wochen lang im Ansatz belassen, und erst dann erfolgt die Flaschenfüllung. Majoranessig, der sich gut für Kartoffelsuppen und Lammgerichte eignet, ist eine Spezialität südlicher Regionen.

GARTENKRÄUTERESSIG

1 l Apfelessig
10 g Schnittlauch
10 g Petersilie
5 g Liebstöckl
10 g Majoran
10 g Thymian
10 g Oregano
etwas Salz

Die Kräuter werden grob zerkleinert und 3–4 Wochen lang angesetzt. Dann wird der Essig filtriert und abgefüllt. Zur Dekoration verwendet man gebundene Kräuter, die in die Flasche gegeben werden. Dieser Essig, der schon mit wenigen Kräutern aus dem Hausgarten sehr leicht herzustellen ist, ermöglicht besonders viele Variationen. Wichtig ist die geschmacklich harmonische Mischung. Dieses Rezept soll als Musteranleitung dafür dienen.

KNOBLAUCHESSIG

1 l Rotwein- oder Weißweinessig
5–10 Knoblauchzehen

Die Knoblauchzehen werden zerdrückt und mit dem Essig angesetzt. Die Ansatzzeit hängt von der Intensität des Knoblauchs ab. Es sollte daher regelmäßig verkostet werden. Dieser sehr intensiv schmeckende Essig wird natürlich von Knoblauchliebhabern geschätzt. Allerdings ist immer darauf zu achten, dass der Knoblauch nicht zu stark vorschmeckt. Überwiegt im Essig der Knoblauchgeschmack, so verliert er seine vielseitige Verwendbarkeit.

ZWIEBELESSIG

2 l Apfelessig
2 Zwiebeln
1 Lauchstange
etwas Salz

Die Zwiebeln und der Lauch werden geschält, grob zerkleinert und mit dem Essig angesetzt. Wenn die Zwiebeln aus dem eigenen Garten stammen, kann auch der grüne Teil mitverwendet werden. Zur Dekoration der Flasche eignet sich eine kleine Lauchstange. Zwiebelessig, der sich durch ein sehr intensives, nicht jedermann behagendes Aroma auszeichnet, eignet sich besonders zum Würzen von Essigwurst und Rindfleischsalat.

MELISSE-MINZ-ESSIG

1 l Apfelessig
20 g Pfefferminzblätter
20 g Zitronenmelissenblätter
etwas Honig

Die Kräuter werden grob zerkleinert und mit dem Apfelessig übergossen. Wichtig ist die vollständige Auflösung des Honigs, da dieser den Geschmack abrundet. Nach ungefähr 5 Wochen kann der Essig auf Flaschen abgezogen werden. Minze bietet viele Variationsmöglichkeiten für erfrischende Essige mit kühlender Wirkung. Besonders in Verbindung mit Zitronenmelisse ergibt sich ein sehr frisches Produkt, das in verdünnter Form auch ein guter Durstlöscher ist.

OREGANO-ROSMARIN-ESSIG

1 l Apfel- oder Weißweinessig
30 g Oregano
30 g Rosmarin

Die Vorgehensweise ist die gleiche wie bei allen anderen Kräuteressigen. Die Ansatzzeit sollte nicht mehr als 5 Wochen betragen. Dieser Essig, der sich hervorragend zu Wild und Lamm eignet, wird besonders in südlichen Ländern geschätzt.

Oregano-
Rosmarin-Essig
Knoblauchessig

GEWÜRZ- UND AROMAESSIG

Diese vielfältigste Gruppe an Essigvariationen ermöglicht dem Produzenten viele neue Kreationen. Sie wird von einigen Herstellern auch als „Spielwiese der Geschmäcker“ bezeichnet und bietet jedem die Möglichkeit, seinen Lieblingsgeschmack zu konservieren.

Im Unterschied zu den Kräuteressigen werden hier keine frischen Kräuter, sondern zumeist getrocknete Pflanzenteile, Gewürze oder Geschmacksträger verwendet (beispielsweise Honig oder Fichtenzweige), die nicht zu den Kräutern zählen.

INGWERESSIG

1 l Apfel- oder Südfruchtessig
½ Ingwerwurzelstock
etwas Honig oder Zuckersirup

Die Wurzel wird grob zerhackt und mit dem Essig zum Ansatz gebracht. Die Ansatzzeit sollte je nach gewünschter Schärfe 2–4 Wochen betragen. Der Honig oder Zuckersirup wird vor der Flaschenfüllung zugesetzt, um dem Essig wieder etwas Schärfe zu nehmen. Ingwer verleiht dem Essig einen typischen Ton. Dieser Essig eignet sich besonders für die exotische, vor allem kreolische Küche, wo die meisten Speisen entweder mit Colombo oder Ingwer gewürzt werden. Vor allem Salate und viele Fischgerichte erhalten dadurch eine dezente Würze.

INGWERESSIG MIT ROSMARIN

1 l Apfel- oder Weißweinessig
½ Ingwerwurzelstock
10 g getrockneter Rosmarin ODER 30 g frische Blätter
etwas Salz

Die Zutaten werden gehackt und mit dem Essig zum Ansatz gebracht. Eine Ansatzzeit von mindestens 4 Wochen ist notwendig, um den erwünschten Rosmarinton in den Essig zu bringen. Die Schärfe kann mit Salz etwas abgerundet werden. Honig wird hierfür nicht empfohlen. Dieser Essig verbindet die feine Schärfe des Ingwers mit dem würzigen Duft von Rosmarin. Er eignet sich besonders für Fleischgerichte, insbesondere Koteletts und Ragouts, als Marinade. Dabei wird nach dem Marinieren der Essig abgegossen, und der Rosmarin verbleibt am Fleisch.

KÜMMELESSIG

1 l Apfel- oder Weißweinessig
50 g Kreuzkümmel
50 g gewöhnlicher Kümmel

Der Kümmel wird im Mörser zerstoßen und dann in den Essig gegeben. Gewöhnlich ist nach ungefähr 3 Wochen Ansatzzeit der volle Kümmelgeschmack vorhanden. Kümmelessig eignet sich als Kümmelersatz, besonders in Salaten.

Ingweressig
mit Rosmarin

Krenessig/
Meerrettichessig

KRENESSIG/MEERRETTICHESSIG

1 l Apfelessig
etwas Kren
1 EL Salz

Der geriebene Kren wird mit dem Apfelessig und dem vorher gelösten Salz für höchstens 2 Wochen angesetzt. Danach wird der Essig vom Kren getrennt und in Flaschen gefüllt. Krenessig wird vor allem für die Herstellung von scharfem Senf verwendet, kann aber auch zum Abschmecken von Semmelkren dienen. Für gewöhnliche Salate oder zum Würzen von Speisen ist er meist zu intensiv.

PFEFFERESSIG

1 l Apfelessig
30 g grüne Pfefferkörner
30 g rosa Pfefferkörner
40 g schwarze Pfefferkörner
1 Knoblauchzehe

Die zerdrückte Knoblauchzehe und der im Mörser zerstampfte Pfeffer werden mit dem Essig zum Ansatz gebracht. Je nach gewünschter Schärfe kann die Ansatzzeit variieren. Von allen drei Pfefferarten werden einige ganze Körner als Dekoration in den filtrierten Essig gegeben. Es kann aber auch eine ganze Pfefferschote verwendet werden. Pfefferessig zählt zur Gruppe der scharfen Essige. Seine scharfe Würze passt vor allem zu Grillspeisen und eignet sich zum Marinieren von Fleisch ebenso wie für Saucen. Bei scharfen Suppen kann Pfefferessig ebenfalls als Würzmittel dienen.

KARDAMOMESSIG

1 l Süßweinessig (Beeren- oder Trockenbeerenauslese)
100 g Kardamom grün, ganz
20 g Kardamom gemahlen

Der Kardamom wird im Mörser grob zerstoßen und dann zusammen mit dem gemahlenen Kardamom in den Essig gegeben. Gewöhnlich ist nach ungefähr 3 Wochen Ansatzzeit der volle Geschmack vorhanden. Kardamomessig ist ein sehr intensiver Essig, der sich für viele asiatische und orientalische Gerichte wunderbar eignet.

PFEFFER-ZITRONEN-SENFKORN-ESSIG

1 l Weißweinessig
2 ungespritzte Zitronen
50 g weiße Senfkörner
40 g schwarzer Pfeffer

Die Senfkörner und der Pfeffer werden zerstoßen, die Zitronen geschält und das Fruchtfleisch fein gehackt. Anschließend mit dem Essig übergießen und ansetzen. Nach 4 Wochen abziehen und filtrieren, anschließend in Flaschen füllen. Dieser Spezialessig kann für schärfere Salate verwendet werden und schmeckt intensiv nach Zitrone und Senfkörnern.

CHILI-/PEPERONI-ESSIG

1 l Rotweinessig
1 Peperonischote grün
1 Peperonischote rot
3 rote Cayenne-pfefferschoten
1 Chilischote
2 Knoblauchzehen
1 rote Paprika

Alle Zutaten bis auf die rote Paprika werden in Streifen oder Ringe geschnitten und mit dem Essig übergossen. Die Ansatzzeit beträgt mindestens 2 Wochen, um eine entsprechende Schärfe zu erreichen. Dann werden alle Teile entfernt und der Essig filtriert. Die rote Paprika wird in Streifen geschnitten und als Dekoration in die Flaschen gegeben. Gleichzeitig rundet sie den scharfen Geschmack ab. Chili- oder Peperoni-Essig ist sehr scharf und eignet sich daher besonders für Saucen zu Grillspezialitäten. Aber auch z. B. Krautsalat erhält dadurch einen ausgefalleneren Ton.

RÄUBERESSIG

2 l Weißweinessig
22,5 g Wermut, Raute, Pfefferminze, Rosmarin und Salbei, getrocknet
30 g Lavendelblüten blau, getrocknet
4 g Kalmuswurzel, Knoblauch, Zimt, Muskatnuss und Nelken

Alle Zutaten werden gemeinsam dunkel angesetzt und nach etwa 10 Tagen abgepresst. Einige Rezepte geben danach noch Kampfer in alkoholischer Lösung dazu. Räuber- oder Pestessig ist ein Ansatzessig, der seit dem 18. Jahrhundert bekannt ist.

ORANGEN-PEPERONI-JOHANNISBEER-ESSIG

1 l Rotweinessig
2 Orangen
2 Peperonischoten rot
200 g Schwarze Johannisbeeren

Die Orangen werden geschält, das Fruchtfleisch zerkleinert und mit den abgebeerten Johannisbeeren vermischt. Die zerschnittenen Peperoni werden dann zusammen mit dem Rotweinessig über die Fruchtmasse gegeben. Nach ungefähr 4 Wochen kann der nunmehr sehr intensiv schmeckende Essig abgezogen werden. Ein Johannisbeerfruchtstand und eine Peperoni können als Dekoration in die Flasche kommen. Dieser Essig findet besonders bei dunklen Fleischsorten, Saucen, Fischgerichten, Meerestieren und Fondue Anwendung. Durch den fruchtigen Ton der Johannisbeeren und Orangen wirkt er nie unharmonisch.

Chili-/
Peperoni-Essig

Lavendelessig

(© Beatrix Fiala / :BILDERWERK)

HONIGESSIG

Dieser Essig, der auch mit Essig aus Honig verwechselt werden kann, ist durch sein süßes Aroma besonders bei Salaten und bei der Abrundung diverser Speisen sehr willkommen. Er kann aber auch als Aperitif-Essig in der Gastronomie eingesetzt werden. Je nach gewünschter Geschmacksrichtung kann das Aroma durch die verwendete Honigart beeinflusst werden. Beinahe alle Honigsorten können mit den unterschiedlichen Geschmacksrichtungen verschiedener Essigsorten kombiniert werden. Landwirtschaftliche Essigproduzenten, die Bienenvölker halten, finden hier neben der Metproduktion eine weitere Absatzchance für ihren Honig.

1 l Apfel- oder Weinessig
30–100 g Honig
Gewürze zur Abrundung

Der Honig wird im Essig gelöst. Vielfach muss der Essig dabei leicht erwärmt werden. Anschließend wird er abgefüllt. Seine korrekte Bezeichnung lautet dann z. B. bei Verwendung von Waldhonig „Apfelessig mit Waldhonig“.

VEILCHENESSIG MIT ZIMT

1 l Weißweinessig
20 g Veilchenblüten
1 Zimtstange
etwas Zucker

Der Essig wird zusammen mit den Veilchenblüten sehr langsam auf etwa 40 °C erhitzt und kühlt anschließend aus. Dann wird die grob zerkleinerte Zimtstange zugesetzt und 2 Wochen lang stehen gelassen. Erst danach wird abgefüllt. Die Farbe des Essigs reicht je nach Intensität der Veilchen von rosa bis violett. Als Dekoration können einzelne Veilchenblüten in die Flasche gegeben werden. Dieser Essig, der sich ebenfalls für Salate, aber auch leicht gesäuerte Süßspeisen sehr gut eignet, gilt als besondere Spezialität unter den aromatisierten Essigsorten. Veilchenblüten sollten allerdings nur dann verwendet werden, wenn wirklich genügend vorhanden sind.

LAVENDELESSIG

Lavendelessig wird ebenso wie Rosenblütenessig aus den Blüten hergestellt. Durch sein würziges, leicht herbes Aroma eignet er sich besonders für Salate, bei denen Kräuter der Provence verwendet werden. Auch Fleischspeisen können mit diesem Essig verbessert werden. Die Zubereitung erfolgt so wie die des Rosenblütenessigs, nur müssen mindestens 50 g Lavendelblüten verwendet werden. Bei der Verarbeitung der Blüten ist darauf zu achten, nicht zu viele Stengel in den Ansatz zu bringen, da der Essig sonst bitter wird.

ROSENBLÜTENESSIG

1 l Weißwein- oder Apfelessig, möglichst hell
30 g Rosenblütenblätter
1 Zitrone
etwas Zucker

(© Archiv Fischerauer)

Die Rosenblütenblätter, die je nach gewünschter Farbe ausgesucht werden (z. B. ergeben violette Rosenblüten eine rosarote Farbe), werden zerkleinert und mit dem Saft der Zitrone und etwas Essig ungefähr einen halben Tag lang angesetzt. Erst dann wird der restliche Essig über diesen Ansatz gegossen. Anschließend wird ganz langsam auf 40 °C erhitzt, was zu einer sehr intensiven Aromaauslaugung führt. Nach dem Auskühlen und einer Standzeit von etwa 2 Wochen entfalten die Rosenblütenblätter dann ihr volles Aroma und können abgezogen werden. Der Zucker kann zur Abrundung dienen, sofern kein etwas herber Ton gewünscht wird. Eine Rosenblüte als Dekoration wirkt besonders im vollkommen blanken Essig sehr gut. Dieser Essig stammt aus südlichen Ländern und bietet ein interessantes Aroma. Durch den etwas bitteren Geschmack frischer Rosenblüten schmeckt er leicht bitter und adstringierend. Dies kann durch Zuckerzugabe gemildert werden.

HONIG-MALVENBLÜTEN-THYMIAN-ESSIG

1 l Weißweinessig
20 g Honig
20 g Malvenblüten
10 g Thymian

Die einzelnen Zutaten werden nach Auflösen des Honigs angesetzt. Nach ungefähr 4 Wochen kann der Essig abgezogen werden. Nach der Filtration können Malvenblüten zur Dekoration in die Flasche gegeben werden. Dieser Essig eignet sich aufgrund seines intensiven Aromas besonders für Blattsalate.

LÄRCHENESSIG

1 l Apfelessig
100 g Lärchenzweige und -nadeln
30 g Waldhonig
1 Knoblauchzehe

Die grob zerkleinerten Lärchenzweige werden mit der zerdrückten Knoblauchzehe und dem Essig übergossen. Nach etwa 5 Wochen Ansatzzeit kann der Essig entnommen werden. Als Dekoration eignet sich ein Lärchenzweig in der Flasche. Lärchenessig zeichnet sich dank der Harze und ätherischen Öle der Lärchenzweige ebenfalls durch ein sehr intensives Aroma aus. Je höher der Standort der Lärche liegt, umso intensiver ist das Aroma und umso weniger bittere Harze enthält der Baum. Lärchenessig eignet sich sehr gut für Wild und dunkle Fleischgerichte sowie für schwere Salate.

NELKENESSIG

Nelkenblüten eignen sich durch ihren intensiven Geruch und Geschmack sehr gut für die Essigaromatisierung. Durch den eigenen Duft kann der Essig besonders zu Salaten mit Früchten genossen werden. Bei der Verarbeitung ist auf das Entfernen des Blütenbodens zu achten, da der Essig sonst dumpf schmeckt. Gewöhnlich genügen 40 g Blütenblätter, um einen wohlschmeckenden Essig zu erhalten. Die Zubereitung gleicht der des Rosenblütenessigs.

FICHTENSPITZENESSIG

1 l Apfel- oder Rotweinessig
100 g frische Fichtenspitzen
etwas Waldhonig
20 g rosa Pfeffer

Die frischen Fichtenspitzen, die sofort nach dem Austrieb geerntet werden können, werden mit dem zerstoßenen Pfeffer und dem Essig übergossen. Je nach gewünschter Farbe kann Apfel- oder Rotweinessig verwendet werden. Nach einer Ansatzzeit von ungefähr 3 Wochen wird abgezogen und der Essig filtriert. Erst dann wird der Geschmack mit Waldhonig harmonisiert. Frische Fichtenspitzen eignen sich durch ihre ätherischen Öle besonders gut für die Bereitung interessanten Essigs. Dieser dann leicht nach Harz und Wald schmeckende Essig kann für Wildgerichte sowie zur Marinade von Lamm- und Rindfleisch verwendet werden. Er eignet sich auch sehr gut für die zugehörigen Saucen.

ROSINENESSIG

1 l Weiß- oder Rotweinessig
100 g Rosinen
etwas Zimt

Wird der Essig mit den Rosinen in größeren Behältern angesetzt, so dient der Zimt zur Abrundung des Geschmacks. Es besteht aber auch die Möglichkeit, die Rosinen direkt in die Flasche zu geben und den Essig dann mit den Rosinen zu verkaufen. Essigrosinen passen sehr gut zu Krautsalat. Eine Ansatzzeit von mindestens 8 Wochen ist notwendig, wenn der Essig nicht gemeinsam mit den Rosinen erhitzt wird. Rosinen verleihen Weinessig einen runden und harmonischen, leicht nach Sherry schmeckenden Ton. Gleichzeitig wird die Schärfe des Essigs durch den hohen Zuckergehalt der Rosinen ausgeglichen. Der Essig erhält zusätzlich mehr Körper, was eine Verringerung der Anwendungsmenge ermöglicht.

Himbeeressig

ROSINENESSIG MIT ROSA PFEFFER

1 l Rotweinessig
80 g Rosinen
30 g rosa Pfeffer ungemahlen

Der rosa Pfeffer wird im Mörser grob zerstoßen und mit den Rosinen vermischt. Anschließend wird der Rotweinessig darüber gegossen. Nach ungefähr 6 Wochen kann der Essig verwendet werden. Rosa Pfefferkörner und Rosinen dienen in der Flasche als Dekoration. Der rosa Pfeffer verleiht dem süßlichen Geschmack der Rosinen einen pikanten Ton. Dabei harmoniert der Geschmack des rosa Pfeffers besonders gut mit den Rosinen. Dieser Essig kann als Würze für etwas pikantere Salate, als spezielle Saucengrundlage und für Fischgerichte verwendet werden.

FRUCHTAROMAESSIG

Die Gruppe der Fruchtaromaessige ist besonders für Salate interessant. Oft sind in Feinkostläden nur Himbeer- oder Walnussessig zu finden, dabei ergeben viele andere Früchte eine spezielle Farbe und vor allem einen eigenständigen Geschmack. Die derzeit von der Industrie angebotenen Essige sind in vielen Fällen künstlich aromatisiert. Wenn wir unseren Essig selbst ansetzen, fällt die künstliche Aromatisierung weg. Das natürliche Aroma erscheint zwar manches Mal etwas verhaltener, aber dafür sind die Produkte fruchtiger. Wichtig ist bei allen Fruchtansätzen, dass der verwendete Essig mindestens 7 % Säure aufweist, um später den Mindestwert von 5 % nicht zu unterschreiten. Ist der Gehalt an Essigsäure zu niedrig, kann der Ansatz zu gären beginnen, und der Geschmack der Früchte geht vielfach verloren. Schlimmstenfalls muss der gesamte Essig entsorgt werden. Damit das Aroma intensiv übernommen wird, kann der Essig langsam auf 40 °C erhitzt und dann langsam abgekühlt werden. Dies kann vereinzelt auch die Ansatzzeit verkürzen.

HIMBEERESSIG

1 l Rotweinessig
100 g frische Himbeeren

Die frischen Himbeeren werden entweder direkt in die Flasche gegeben oder mit dem Essig in einem Großbehälter angesetzt. Bei dieser Variante kann auch noch kalt gepresster Himbeersaft zur Färbung zugesetzt werden. Nach einer Ansatzzeit von ungefähr 2 Wochen kommt der intensive Himbeerton bereits deutlich zur Geltung, und der Essig ist verwendbar. In den meisten Fällen wird er mit Früchten in der Flasche dekoriert.

ERDBEERESSIG

1 l Apfelessig
200 g Walderdbeeren
20 g Zucker

Der Zucker wird im Essig vollständig gelöst, erst dann wird diese Lösung über die Erdbeeren gegossen. Der Zucker dient hier als Puffersubstanz für die Säure der Erdbeeren. Nach einer Ansatzzeit von ungefähr 5 Wochen kann der Essig verwendet werden. Früchte in die Flasche zu geben, kann nicht empfohlen werden, da diese nach einiger Zeit aufquellen und unansehnlich werden. Besonders Walderdbeeren verleihen dem Essig einen interessanten Geschmack. Die meisten Kulturerdbeeren sind allerdings weniger dafür geeignet, da sie kein so intensives Aroma ergeben.

APFEL-ZIMTRINDEN-ESSIG

1 l Apfelessig
200 g Apfelscheiben
0,2 l Apfelsaft
10 Zimtrinden

Die Zimtrinde wird grob zerstoßen und mit dem Apfelessig, den Apfelscheiben und dem Apfelsaft angesetzt. Die Ansatzzeit beträgt mindestens 3 Wochen, um einen deutlichen Zimtgeschmack zu erzielen. Apfel-Zimtrinden-Essig eignet sich hervorragend zu verschiedensten Pasteten. Gleichzeitig bietet er die Möglichkeit, Salate abzurunden.

WEICHSEL-PFLAUMEN-ESSIG

1 l Weißwein- oder einer der namensgebenden Vollfruchtessige
200 g Weichseln (Sauerkirschen)
150 g Pflaumen
1 Zimtstange
30 g Blütenhonig

Die frischen Weichseln werden mit dem Essig und der Zimtstange so lange angesetzt, bis es reife Pflaumen gibt. Dann werden die Weichseln entnommen (sie können noch zur Garnierung dienen) und die Pflaumen mit dem Essig übergossen. Die Zimtstange muss beim Früchtewechsel ebenfalls herausgenommen werden, damit der Zimtton nicht überwiegt. 4 Wochen nach der Pflaumenzugabe werden auch diese Früchte entnommen und der Essig mit dem Honig abgerundet. Die Weichsel-Pflaumen-Essigherstellung dauert durch den Zeitraum zwischen der Reife der beiden Obstarten relativ lange. Es sollten dennoch nur frische, reife Früchte verwendet werden, um den vollmundigen Charakter beider Zutaten zu erhalten.

HEIDELBEER-WACHOLDER-ESSIG

1 l Weißwein- oder heller Apfelessig
100–200 g Waldheidelbeeren
40 g Wacholderbeeren getrocknet
15 g Waldhonig

Die Wacholderbeeren werden im Mörser grob zerstoßen und dann mit den restlichen Zutaten vermengt. Der Honig muss vorher unbedingt in einer kleinen Menge warmen Essigs aufgelöst werden. Nach einer Ansatzzeit von 4 Wochen hat der Essig eine fast schwarze Farbe und das Aroma der Wacholder- und Heidelbeeren angenommen. Der Honig dient der Geschmacksabrundung. Heidelbeer-Wacholder-Essig verleiht vielen Fleischspeisen einen herben Ton. Er eignet sich hervorragend zum Aufgießen bei Wildragout oder für spezielle Saucen. Durch den Wacholder bekommt der Essig einen leicht bitteren Geschmack, der an Gin erinnert.

BIRNEN-PREISELBEER-ESSIG

1 l Birnenessig
200 g Preiselbeeren
50 g Blütenhonig
1 Zimtstange

Die Zutaten werden gemischt und anschließend mit dem Birnenessig übergossen. Dieser Ansatz wird dann mindestens 4 Wochen lang im Kühlen stehen gelassen und anschließend blank in die Flasche gefüllt. Die Zimtstange dient zur Garnierung. Dieser etwas süßliche, sehr milde Essig wird zum Würzen von Pasteten und milden Gerichten verwendet. Der verwendete Birnenessig erhält durch die Preiselbeeren einen leicht adstringierenden Ton, was ihn im Geschmack abrundet.

BROMBEER-ZITRONENMELISSEN-ESSIG

1 l Weißweinessig
150 g Brombeeren
40 g Zitronenmelisse
10 Gewürznelken

Die Gewürznelken werden grob zerstoßen, mit den zerkleinerten Melissenblättern sowie den Brombeeren gemischt und mit dem Essig übergossen. Die Ansatzzeit beträgt mindestens 5 Wochen, um das wohlschmeckende Aroma zu erreichen. Dieser Essig schmeckt ohne Erwärmung nur sehr verhalten nach Brombeeren. Er besticht durch seine intensive, dunkle Farbe, das zarte Brombeer-Zitronenaroma und die fruchtig-säuerliche Harmonie, wodurch er sich hervorragend für Salate und zum Würzen spezieller Saucen eignet.

Zitronenmelisse verleiht dem Essig eine besondere Frische.
(© Archiv Fischerauer)

NUSSESSIG

Essig mit Nussaroma ist eine sehr milde Spezialität für ausgefallene Salate. Er kann auch zum Würzen von Süßspeisen, die eine leicht säuerliche Note haben sollen, verwendet werden.

1 l Apfelessig
200 g Wal- oder Haselnüsse
etwas Zimt

Die Nüsse werden geschält, grob zerkleinert und anschließend mit dem Essig überzogen. Die Mischung wird langsam auf 40 °C erwärmt. Die Ansatzzeit beträgt je nach gewünschter Intensität 2–8 Wochen. Der Zimt kann gegebenenfalls zur Abrundung verwendet werden. Die Aromatisierung mit Nussöl führt zwar zu sehr intensiven Produkten, ist aber nicht immer notwendig. Der Essig wird nach der Ansatzzeit blankfiltriert und ohne Dekoration in Flaschen gefüllt. Je nach Geschmacksrichtung können alle heimischen Nussarten verwendet werden.

Die hier beschriebenen Rezepte stellen keinen Anspruch auf Vollständigkeit. Der eigenen Fantasie bleibt es überlassen, weitere Kräuter- und Geschmackskombinationen zu entdecken. Scheuen Sie sich nicht, auch einmal „verrückte" Kombinationen auszuprobieren!

SAUERKONSERVEN MIT ESSIG

Da es bei den Sauerkonserven eine Vielzahl an Rezepten gibt, sollen hier nur einige wenige beschrieben werden. Wie beim Ansetzen von Essig sind auch hier der Fantasie des Produzenten keine Grenzen gesetzt. Die Vorgehensweise ist bei allen Produkten die gleiche: Zuerst wird die Aufgusslösung hergestellt, dann werden das Gemüse oder die Früchte mit dieser übergossen und nochmals erhitzt.

AUFGUSSLÖSUNG

1 l Weißweinessig 6 %
1 l Wasser
1 Zwiebel, in Scheiben à etwa 1 cm geschnitten
40 g Salz
1 EL Urwaldpfeffer
8 Lorbeerblätter
10 Wacholderbeeren
3 EL Senfkörner
3 EL Zucker

Für die Aufgusslösung gießt man Essig mit Wasser in einen Topf, fügt die Zwiebel, den Knoblauch, Salz, Pfefferkörner, Lorbeerblätter, Wacholderbeeren, Senfkörner und den Zucker hinzu und lässt die Mischung am Herd wallend aufkochen. Noch heiß wird der Sud gleichmäßig mit den Zwiebeln über das Gemüse oder die Früchte gefüllt.

Nussessig

ESSIGGURKEN

Essiggurken zählen zu den beliebtesten Beilagen vieler Speisen. Gleichzeitig sind sie eine wichtige Dekoration bei Aufschnitt- und Käseplatten.

frische Essiggurken
Essig (min. 7 % Säure)
Senfkörner, Dill, Estragon oder andere Kräuter

Die frischen Gurken werden 24 Stunden lang gewässert, um ihnen alle Bitterstoffe zu entziehen. Danach erfolgt die Befüllung der Gläser, ohne große Zwischenräume zu belassen. Je nach gewünschtem Geschmack können Senfkörner, Dill, Estragon oder auch Zwiebel und andere Kräuter hinzugegeben werden. Sie verfeinern den Geschmack etwas und verleihen ihm die „persönliche" Note. Anschließend wird der Essig, meist auf ungefähr 5 % verdünnt, über die Gurken gegossen. Die Gläser werden fest verschlossen und mindestens 20 Minuten lang bei 90 °C gekocht. Anschließend aus dem Wasser nehmen und möglichst schnell auskühlen lassen.

SENFGURKEN

Werden bei Essiggurken vorwiegend kleine Gurken verwendet, so nimmt man hier große, reife Gurken, die allerdings noch nicht überreif sein dürfen. Senfgurken werden seltener als Dekoration verwendet, sondern eher als Zuspeise gegessen, da sie meist milder als Essiggurken sind.

reife Gurken
Apfelessig (min. 7 % Säure)
Salz
gelbe Senfkörner

Die Gurken werden geschält, entkernt und in so lange Stücke geschnitten, dass sie später aufrecht in das Glas passen. Ihre Stärke sollte 3–5 cm betragen. Die Gurken werden über Nacht mit Salz in ein Gefäß gelegt, um ihnen das überschüssige Wasser zu entziehen. Anschließend werden sie abgetrocknet und stehend in die Gläser gefüllt. Die Senfkörner werden zusammen mit dem Essig über die Gurken geleert. Anschließend je nach Größe der Gurken mindestens 25 Minuten lang bei 85 °C gekocht. Dabei ist die Kerntemperatur wichtig. Je größer die Gurkenteile sind, desto länger muss die hohe Temperatur gehalten werden. Die am weitesten innen liegende Gurke muss zwei Minuten lang mindestens 80 °C erreichen. Nach der Erhitzung muss sofort wieder rückgekühlt werden.

Essiggurken

Eingelegte Paprika

SCHWARZWURZELN MIT GINSENGESSIG

Schwarzwurzeln zählen nach wie vor zu den exotischen Gemüsearten, obwohl sie in früherer Zeit viel häufiger angebaut wurden. In Verbindung mit Essig, der mit Ginseng angesetzt wurde, erhalten sie einen sehr harmonischen, etwas bitteren Ton.

Schwarzwurzeln
Apfelessig
Ginseng
Salz

Die Schwarzwurzeln werden gewaschen, geschält, in ungefähr 3–4 cm lange Stücke geschnitten, mit Salz überstreut und ca. sechs Stunden lang entwässert. Nach der Entwässerung werden sie in Gläser gefüllt und mit dem herb-würzigen Ginsengessig übergossen. Die verschlossenen Gläser werden 25 Minuten lang bei 90 °C gekocht. Hier ist eine Rückkühlung besonders wichtig, um die Wurzeln nicht zu weich zu kochen.

ROTE RÜBEN IN ESSIG

Rote Rüben werden hauptsächlich aus Konserven konsumiert. Nur selten werden frische Rüben angeboten, die dann zu Salat verarbeitet werden können.

Rote Rüben
Weißweinessig
Kümmel
Pfeffer
Salz

Die Rübenblätter werden durch Abdrehen entfernt. Anschließend werden die Rüben gewaschen und würfelig, blättrig oder in Streifen geschnitten. Dann wird die verdünnte Essiglösung mit den Gewürzen darüber gegossen und das Gefäß verschlossen. Die Erhitzungsdauer sollte mindestens 30 Minuten bei 90 ° C betragen.

EINGELEGTE PAPRIKA

In vielen Ländern werden gelbe und rote Paprika in Essig konserviert. Die Paprika werden dabei ganz oder in geschnittener Form verwendet. Sie müssen allerdings vor der Verarbeitung immer geschält werden, damit die Haut nach dem Kochen nicht in Stücken abgeht und somit unansehnlich aussieht.

frische Paprika
rot oder gelb
Salz
Apfelessig

Die Paprika werden nach der Ernte einige Tage liegen gelassen. Vor der Verarbeitung werden sie ungefähr 3 Minuten lang in kochendem Wasser blanchiert. Nach der Rückkühlung in kaltem Wasser kann die Haut problemlos entfernt werden. Die Paprika werden dann in Streifen geschnitten und mit dem gesalzenen Essig übergossen. Je nach Geschmacksrichtung kann der Salzgehalt variiert werden. Dann die Gläser verschließen und mindestens 20 Minuten lang bei 90 °C kochen.

TOMATEN IN ESSIG

Bei Tomaten können grüne und rote Früchte eingelegt werden. Besonders Kirschtomaten eignen sich hervorragend zum Einlegen und ergeben sehr dekorative, wohlschmeckende Beilagen.

Apfelessig
grüne oder rote Tomaten
Zwiebelringe
Salz
grüne Pfefferkörner

Die Tomaten werden gewaschen und von den Kelchblättern befreit. Wichtig ist, dass die Tomaten nicht überreif sind, damit sie nicht zerkochen. Kirschtomaten werden ganz eingelegt, große Früchte werden entweder geachtelt oder in etwa 1 cm dicke Scheiben geschnitten. Anschließend in die Gläser füllen und mit dem gesalzenen Essig übergießen. Die Pfefferkörner werden schichtweise ins Glas gegeben, um den Geschmack abzurunden. Die Kochzeit beträgt je nach Größe der Tomaten zwischen 15–30 Minuten bei 90 °C.

ZWIEBELGURKEN

Zwiebelgurken sind eine verfeinerte Form von Essiggurken, bei denen als geschmacksverbessernde Zusätze entweder Zwiebelringe oder Perlzwiebeln mit eingelegt werden. Durch die Kombination wird einerseits der Zwiebelgeschmack etwas verringert, andererseits erhalten die Gurken ein feineres Aroma. Dies ist besonders praktisch, wenn zur Dekoration sowohl Perlzwiebeln als auch Essiggurken gewünscht werden.

Essiggurken
Perlzwiebeln
gelbe Senfkörner
einige Pfefferkörner

Die Gurken werden 24 Stunden lang vorgewässert, um den möglichen bitteren Ton zu beseitigen. Die Zwiebeln werden geschält und dann zusammen mit dem verdünnten Essig (meist Essig zu Wasser 1:1, wenn der Essig mindestens 7 % Säure aufweist) und den Gewürzen über die Gurken gegeben. Anschließend erfolgt der Kochvorgang mindestens 25 Minuten lang bei ungefähr 90 °C im Wasserbad.

Tomaten
in Essig

(© iStock Photo / Pat_Hastings)

DIE SENFBEREITUNG

Senf (Mostrich) zählt als Würze vieler Fleischgerichte und Saucen zu den feinsten Produkten unserer Küche. Durch die große Auswahl an Senfsorten, die in den Geschäften angeboten werden, sind praktisch alle Geschmacksrichtungen abgedeckt. Besonders Spezialitäten unter den Senfarten finden ihre Liebhaber.

Der Name kommt vom griechischen Wort „sinepi" oder vom lateinischen Wort „sinapis". Senf wird aus einer der vielen verschiedenen Senfsamenarten hergestellt.

Viele Senfsorten können von Essigproduzenten oder im eigenen Haushalt hergestellt werden, wobei eine so feine Vermahlung wie in der Industrie oftmals nicht möglich ist. Dies schadet dem Senf jedoch nicht, sondern verleiht ihm eher einen eigenständigen Charakter.

(© iStock Photo / Pat_Hastings)

SENFSAMEN

Senf gehört botanisch zur großen Gruppe der Kreuzblütler oder *Cruciferae.* Die Senfpflanze ist eine krautige, einjährige Pflanze, die eine Höhe von 1–1,5 m erreicht und gelb blüht. Die Blüten sind endständig und entwickeln Schoten, die den Samen enthalten. Bei Vollreife springen sie auf und verstreuen dabei den Samen. Beim großflächigen Senfanbau werden die Pflanzen am Morgen geschnitten und anschließend vorgetrocknet, sodass der Samen erst bei der Aufsammelstelle abfallen kann. Die meisten Brassica- oder Senfsamen weisen einen Durchmesser zwischen 1 und 2,5 mm liegt auf. Senfsamen sind kugelförmig und weisen an der Stelle, an der der Keimling liegt, einen kleinen Höcker auf. Die Keimblätter, die sich unter der festen Hülle befinden, sind sehr fettreich und stellen den größten Teil des Senfkornes dar. Wir kennen verschiedene Senfsamenarten, die nach ihrer Farbe und Herkunft unterschieden werden können. Allerdings ist dies nur für den Handel wichtig.

Grundsätzlich werden zwei große Gruppen unterschieden:

- Weißer oder Gelber Senf aus dem Samen von *Sinapis alba L.*,
- Schwarzer oder Brauner Senf aus verschiedenen *Brassica*-Arten.

Weißer Senf

Weißer Senf unterscheidet sich vom Schwarzen Senf nicht nur durch die helle, weiße, gelbliche bis rötlichweiße Farbe, sondern auch durch die Größe der Senfkörner. Sie beträgt zwischen 2 und 2,5 mm. Die Samen erscheinen unter der Lupe an der Oberfläche glatt. Gleichzeitig quillt die oberste Haut beim Einweichen in Wasser auf, und es entsteht eine dicke, weißliche Schleimschicht, die ebenfalls als Merkmal zu bewerten ist. Beim Riechen sticht Weißer Senf nicht in der Nase, da das Senföl, welches bei der Verarbeitung entsteht, nicht flüchtig ist. Senfarten aus dieser Senfsorte schmecken nur scharf.

Weißer Senf zeichnet sich besonders durch Schärfe aus. (© Archiv Fischerauer)

Schwarzer oder Brauner Senf

Bei den dunklen Senfsorten werden verschiedene Arten gehandelt. Die wichtigsten Herkunftsgebiete und Typen sollen hier aufgezählt werden, obwohl bei der Verarbeitung nur geringe Unterschiede wahrnehmbar sind:

- *Brassica nigra,* der auch als Brauner, Grüner oder Schwarzer Senf bezeichnet wird, wird vorwiegend im Mittelmeergebiet und in gemäßigten Zonen angebaut.
- *Brassica juncea* stammt hauptsächlich aus Rumänien, Bulgarien und Russland und gelangt bei uns als Sarepta-Senf oder Rumänischer Braunsenf in den Handel.
- *Brassica cernua,* als Chinesischer oder Japanischer Senf bezeichnet, trägt seine Herkunft im Namen. Er schmeckt etwas weniger scharf.

- *Brassica integrifolia* oder Indischer Braunsenf stammt aus dem vorderen Orient (bis Indien) und ist durch intensive Schärfe gekennzeichnet. Er wird zumeist unter dem Namen „Rai“ gehandelt.

Allen diesen botanisch unterschiedlichen Arten ist ein gemeinsames Aussehen gegeben. Die Körner sind alle zwischen 1 und 2 mm groß, wobei die Sareptasamen den größten Kerndurchmesser haben. Ihre Farben reichen von rotbraunen bis zu beinahe schwarzbraunen Arten, die eine sehr starke Netzung an der Oberfläche aufweisen.

Schwarzer Senf ist besonders würzig und wirkt exotisch. (© Archiv Fischerauer)

Bei der Eigenproduktion von Senf ist auf die Reinheit der Senfsaat zu achten, da heimische Pflanzen sehr leicht eine Verunreinigung mit anderen Samen mit sich bringen können. Dazu zählen besonders der Ackersenf (*Sinapis arvensis*), die Rüpsen (*Brassica rapa*) und der Raps (*Brassica napus*), die recht häufig als Vorfrucht oder Ölfrucht angebaut werden. Die Samen dieser Art sind den Senfsamen sehr ähnlich, allerdings entfalten sie bei der Verarbeitung keine Senföle, sodass der typische Geruch und Geschmack von Senf nicht erreicht wird. Der Senf wäre dann verfälscht, da die letztgenannten Stoffe bei Weitem billiger sind als Senfsamen.

Bei der Verwendung heimischer Senfsaat ist besonders auf die Reinheit der Ware zu achten. (© Archiv Fischerauer)

INHALTSSTOFFE

Wie beschrieben, wird Senf aus dem Samen verschiedener *Brassica*- oder *Sinapis*-Arten gewonnen. Diese einjährigen krautigen Pflanzen kommen hauptsächlich im gemäßigteren Klima in Europa und Asien vor. Je nach Senfsamenart enthält Senf verschiedene Inhaltsstoffe. Die wichtigsten davon sollen im Folgenden aufgezählt werden, ohne auf ihre Entstehung während der Produktion einzugehen.

Wichtige Inhaltsstoffe sind:

- Öl,
- Proteine,
- Schleimstoffe,
- Myrosinase,
- Sinalbin,
- Sinigrin.

Öl

Alle Kreuzblütlersamen enthalten Öl. Das bekannteste ist das Rapsöl. Der Ölgehalt liegt bei 25–35 %. Dieses Öl ist geschmacklos. Da es die Verarbeitung erschwert, wird bei einigen Verfahren vor der Verarbeitung das Senföl abgepresst. Es enthält besonders viele Triglyceride und Erucasäure, wodurch es dem Rapsöl sehr ähnlich wird. Senföl hat eine gelbe Farbe und enthält besonders viel Vitamin E, das das Ranzigwerden verhindert. Solange das Öl bei den Senfsamen belassen wird, wirkt es wie ein Antioxidans und verhindert einen Qualitätsverlust durch Geschmacksveränderung der Samen. Ranzige Samen sind für die Senfproduktion nicht zugelassen.

Proteine

Proteine oder Eiweißverbindungen sind die zweite große Inhaltsstoffgruppe im Senf. Sie können allerdings sensorisch nicht wahrgenommen werden. Sie haben bei den Senfkörnern und vor allem beim Senfmehl allerdings die Eigenschaft der hohen Wasserbindefähigkeit, die bis zum Vierfachen der Menge betragen kann, was sich besonders bei zu dünn bereitetem Senf sehr gut auswirken kann. Stärke kommt im Senfsamen nicht vor, sodass bei nachweisbarer Stärke im Senf eine Verfälschung durch fremde Samen oder Mehl vorliegt.

Schleimstoffe

Der durch Aufweichen der Epidermis entstehende Schleim ist vollkommen geschmacksneutral und beeinträchtigt die Verarbeitung nicht. Er tritt besonders bei weißen und gelben Senfsamen auf. Braune und schwarze Samen enthalten nur einen unmerklichen Schleimanteil.

Myrosinase

Dieses Enzym ist der wichtigste Stoff der Senfpflanze, da es bei Feuchtigkeitsberührung erst die stechend scharf schmeckenden Senföle freisetzt. Ohne dieses natürliche Enzym wäre die Senfproduktion nur erschwert möglich.

Sinalbin

Sinalbin ist ein Senfölglucosid des Weißen Senfs. Bei Flüssigkeitszusatz (in Form von Essig, Wein oder Wasser) zu den vermahlenen Senfkörnern wird Sinalbin durch das Enzym Myrosinase in p-Hydroxybenzylsenföl und weitere Stoffe gespalten. Dieser Stoff ist nicht flüchtig, das heißt, er kann nicht gerochen werden, ist aber sehr scharf. Als weiterer Vorteil ist zu nennen, dass er nicht zerfällt, die Schärfe also auch bei längerer Lagerung erhalten bleibt. Gleichzeitig soll Sinalbin auch das Auftreten von Bakterien verhindern.

Sinigrin

Sinigrin kommt im Schwarzen Senf vor und bildet nach Spaltung durch das Enzym Myrosinase den Stoff Allylsenföl. Dieses ätherische Öl ist wasserunlöslich und sehr leicht flüchtig, weshalb es auch im Senf relativ schnell abnimmt. Gleichzeitig verleiht es dem Senf einen stechenden Geruch. Dieses Senföl verflüchtigt sich besonders leicht beim Erhitzen, wo es an Wasserdampf gebunden wird. Soll es im Senf verbleiben, so ist dieser unbedingt in einem geschlossenen Gefäß zu erhitzen. Reines Allylsenföl ist eine stechend riechende, farblose Flüssigkeit, die die Tränensekretion anregt.

Blühende Senfpflanze im Frühjahr.
(© iStock Photo / undefined undefined)

SENFARTEN UND GESCHMACKSRICHTUNGEN IM HANDEL

Tafelsenf

Tafelsenf wird aus nur wenigen Bestandteilen hergestellt, was sich auch im zumeist recht niedrigen Preis niederschlägt. Die Zutaten sind Senfsaat, Essig, Salz, Gewürze und Wasser. Die Senfsamen sollten möglichst fein vermahlen werden, wobei ein Mahlgrad unter 30 mm angestrebt wird. Größere Partikel stammen aus den Schalen der Senfsamen, sollten aber für gewöhnlich nicht auftreten. Der Geschmack dieses Senfs ist vielfach nicht ganz rund und vorwiegend scharf. Er wird hauptsächlich für Saucen und zum Verkochen verwendet.

Estragonsenf

Estragonsenf besteht mehrheitlich aus gelben Senfsamen. Der Mahlgrad liegt ebenfalls wieder zwischen 30 und 40 mm; er ist durch eine glatte, pastöse Konsistenz erkennbar. Sein Geruch erinnert sehr stark an Essig mit einem würzigen Unterton. Der Geschmack dieses Senfs ist würzig-aromatisch bei nur geringer Schärfe. Er ist am salzigen Grundgeschmack einfach zu erkennen und eignet sich für beinahe alle Speisen, besonders für Konsumenten, denen andere Senfarten zu scharf oder zu süß sind.

Kremsersenf

Kremsersenf wird hauptsächlich aus dunklen Senfsamen hergestellt. Dabei werden die Senfsamen mit Gärungsessig, zumeist Weinessig, vorgequollen und erst anschließend vermahlen. Der Mahlgrad liegt um einiges höher als beim Estragonsenf, sodass die dunklen Schalenteile noch erkennbar sind. Durch den hohen Zuckeranteil schmeckt Kremsersenf meist süßlich und mild. Das Allylsenföl der Senfsamen entweicht bei der Verarbeitung. Je nach gewünschter Schärfe können auch weiße Körner mitverarbeitet werden, jedoch sollte Kremsersenf immer mild schmecken.

Dijonsenf

Dijonsenf wird aus nicht entölten schwarzen (braunen) Senfsamen oder nicht entölten

Samen von Sareptasenf mit Gärungsessig und Kochsalz hergestellt. Dabei werden die Samen mit dem Essig vorgequollen, aufgebrochen, durch Passieren von den Schalenteilen befreit und nach dem Versetzen mit Kochsalz und geschmackgebenden Zutaten einem Reifungsprozess unterzogen. Dijonsenf hat meist eine hellgelbe Farbe und weist einen sehr scharfen und deutlich salzigen Geschmack auf. Der Name stammt von der französischen Stadt Dijon, die eine besonders lange Senftradition aufweist. Gleichzeitig ist das Dijon-Verfahren ein spezielles Produktionsverfahren für Senf. Dijonsenf ist die fettreichste Senfart, die bei uns angeboten wird.

Sareptasenf

Sareptasenf wird nur aus Sareptasamen, Weinessig, Salz, Zucker und Gewürzen hergestellt. Er weist einen weniger pastösen Charakter und keine Schalenteile auf. Zumeist werden die Samen vor der Verarbeitung geschält. Eine Entölung findet auch hier nicht statt. Sareptasenf hat einen eher milden Geschmack mit einer würzigen Essignote.

Englischer Senf

Der Zusatz „englisch“ wird für scharfe Senfarten verwendet, bei denen die Gesamtschärfe durch Senfsamen erreicht wird. Meist wird dieser Senf mit Zucker abgerundet, sodass er süßlich-scharf schmeckt. Andere Stoffe sollten nicht als Schärfebildner eingesetzt werden. Wenn zum Beispiel Pfeffer oder Chili zugesetzt werden, so darf die typische Senfschärfe davon nicht überdeckt werden. Hauptsenfsorte ist dunkler Senf, er wird allerdings, um die Schärfe länger zu bewahren, mit gelbem Senf gemischt.

Andere Senfarten, wie Grill-, Puszta-, Zwiebel-, Kren-/Meerrettich-, Knoblauch-, Pfeffersenf usw. sind Gewürzsenfarten, die meist eine Mischung verschiedener Senfsamen darstellen. Ihr Geschmacksbild wird hauptsächlich durch die zugesetzten Gewürze bestimmt, die vielfach den typischen Senfgeschmack überdecken.

VERFAHREN DER SENFBEREITUNG

Bei der Senfbereitung werden hauptsächlich zwei Verfahren unterschieden:

Bordeauxverfahren / Deutsches Verfahren

Dabei werden nicht entölte Senfsamen gereinigt und von jeglichen Fremdbestandteilen befreit. Je nachdem, welche Senfsorte produziert werden soll, werden verschiedene Arten von Senfsamen vermischt. Zumeist werden Braun- und Gelbsenf miteinander gemischt, um ein harmonisches Geschmacksbild zu erreichen. Der nächste Arbeitsschritt ist das grobe Zerkleinern oder Schroten der Senfkörner. Dies kann entweder mit einer kleinen Getreide- oder mit einer Hammermühle geschehen. Oftmals genügt auch schon das Quetschen der Senfkörner, um einen nachfolgenden Aufschluss zu ermöglichen. Die zerkleinerten Senfkörner werden dann abgewogen und in einem Maischebehälter angesetzt. Der Ansatz der Senfkörner erfolgt unter Zugabe von Wasser oder Wein, Essig (Gärungs- oder Säureessig), Kochsalz und gegebenenfalls Zucker und anderen geschmackgebenden

(© iStock Photo / hydrangea100)

Zutaten. Die Ansatzzeit beträgt in etwa 2 Stunden, wobei regelmäßig gerührt werden sollte. Nach dieser Zeit wird die Senfmaische vollkommen fein vermahlen. Der Mahlgrad sollte etwa 30 mm betragen, was allerdings nur mit Korundscheibenmühlen möglich ist. Im Haushalt kann dies durch eine längere Mixzeit nur annähernd erreicht werden, sodass eine besonders feine Vermahlung schon vor dem Einmaischen bessere Erfolge bringt. Anschließend wird der Senf in Behälter abgefüllt.

Dijonverfahren

Das Dijonverfahren unterscheidet sich vom Deutschen Verfahren durch die Verwendung einer Passierlinie, wo alle groben Teile entfernt werden können. Bei dieser Senfart werden nicht entölte, schwarze (braune) Senfsamen oder nicht entölte Samen von Sareptasenf verwendet. Die Senfsamen, die noch nicht zerkleinert sind, werden mit Gärungsessig ungefähr 2–3 Stunden vorgequollen. Nach dieser Zeit werden die ganzen Körner in einer Walzenmühle aufgebrochen Der nächste Schritt ist der Passiervorgang, bei welchem die Senfsamen von allen Schalenteilen befreit werden. Dies kann im Hobbybereich mit einem einfachen Passiergerät und dem feinsten Lochsieb erfolgen. Erst dann erfolgt die Zugabe von Kochsalz und geschmackgebenden Zutaten. Nach einer gründlichen Durchmischung wird der Senf einem Reifungsprozess unterzogen. Dieser erfordert eine Standzeit von wenigen Stunden bis zu mehreren Tagen oder Wochen. Die Standzeit erfolgt leicht gekühlt, jedoch nicht im Kühlschrank, da der Senf sonst nicht reif wird. Je nach gewünschter Konsistenz dauert auch die Eindickzeit unterschiedlich lange. Die meisten Dijonsenfarten sind in ihrer Konsistenz etwas dicker als Senfarten nach dem Deutschen oder Bordeauxverfahren. Während der Reifezeit entfalten sich das typische säuerlich-würzige Senfaroma und die klassischen Oxidationsnoten.

SENFREZEPTE

Die folgenden Rezepte stellen wiederum nur einige Beispiele dar und können je nach Geschmacksrichtung selbstständig verfeinert oder mit anderen Zutaten versehen werden.

Senf sollte in der Herstellung nicht mehr als 50 °C erreichen. Wenn der Senf höher erwärmt wird, was bei einigen Sorten notwendig ist, dann wird dieser Senf sehr schnell mild und ist zumeist auch nicht bitter. Allerdings ist solcher Senf auch nicht sehr scharf. Wenn die Schärfe der Senföle erhalten bleiben soll, dann darf der Senf nicht über 45 °C erhitzt werden. Sie können bei jedem Rezept selbst entscheiden, ob Sie den Senf „warm machen" möchten oder nicht.

Die Vielfalt der Senfvariationen erschließt sich erst mit der Zeit. (© iStock Photo / milanfoto)

(© iStock Photo / cookedphotos)

SÜSSER SENF

Je nach Geschmacksrichtung ergibt süßer Senf oft ein harmonischeres Geschmacksbild als scharfer Senf. Besonders manche Wurstarten (z. B. Weißwurst) und auch bestimmte Fleischspeisen schmecken mit süßem Senf wesentlich besser.

200 g gelbe Senfkörner
200 g Kristallzucker
50 g Waldhonig
½ l Weißweinessig
20 g frischer Kren oder Meerrettich

Die Senfkörner werden wiederum im Mörser zerstoßen und mit dem Essig angesetzt. Nach ungefähr einer Stunde wird der geriebene Meerrettich zusammen mit der Essig-Senfkörner-Mischung, dem Zucker und dem Honig im Standmixer mindestens 10 Minuten lang gemixt.

Anschließend wird der Senf wiederum langsam erhitzt und mit einer Temperatur von mindestens 90 °C in die Aufbewahrungsbehälter gefüllt. Diese sollten dann so schnell wie möglich auskühlen und wiederum kühl und dunkel gelagert werden. Die Haltbarkeit beträgt bei geschlossenen Behältern ungefähr 6 Monate.

GEWÖHNLICHER SENF MIT PFEFFER

Senf, wie er gewöhnlich angeboten wird, kann besonders für Saucen sehr einfach selbst hergestellt werden. Für spezielle Wurstgerichte oder besondere Speisen ist er allerdings zu wenig raffiniert im Geschmack.

400 g gelbe Senfkörner
¼ l Weißweinessig (min. 7 % Säure)
¼ l Wasser
1 EL Salz
3 EL Zucker
1 TL schwarzer Pfeffer

Die Senfkörner werden zusammen mit dem Pfeffer, falls dieser noch nicht gemahlen sein sollte, im Mörser zerstoßen und fein verrieben. Anschließend mit dem Weißwein zu einem dicken Brei verrühren und mindestens 60 Minuten stehen lassen. Nach dieser Zeit werden die restlichen Zutaten in den Brei gemischt und dieser bei niedriger Hitze langsam zum Aufkochen gebracht. Der Senfbrei muss während des gesamten Kochvorganges gerührt werden, um ein Anbrennen zu vermeiden. Wenn der Senf die gewünschte Konsistenz erreicht hat, kann er in Steingut-, Keramik- oder Glasbehälter abgefüllt werden. Er ist sofort zu verschließen und sollte so schnell wie möglich auskühlen. Die Aufbewahrung sollte nicht im Kühlschrank, aber trotzdem kühl und dunkel erfolgen. Die Haltbarkeit beträgt ungefähr 6 Monate.

EINFACHER SENF

Dieser Senf ist der „Einsteigersenf“, da er sehr einfach herzustellen und besonders bekömmlich ist.

300 g Senfmehl
¾ l Apfelessig
2 EL Zucker
1 TL Salz
etwas Pfeffer

Alle Zutaten werden miteinander vermischt, bis der Zucker und das Salz komplett aufgelöst sind. Wer den Senf besonders fein möchte, kann ihn auch mit dem Stabmixer so lange behandeln, bis der entsprechende Feinheitsgrad erreicht ist. Danach den Senf etwa 2 Tage lang stehen lassen und dann in saubere Ton- oder Glasgefäße abfüllen. Dieser Senf ist gekühlt mehrere Monate lang haltbar.

WHISKYSENF

Whiskysenf, eine besondere Spezialität, ist durch sein rauchiges Aroma vom Whisky und die leicht alkoholische Note besonders bei festlichen Anlässen sehr willkommen.

400 g gelbe Senfkörner
1 l Apfelessig
1/16 l Whisky
1 TL Salz
etwas Pfeffer

Die Senfkörner werden fein zerstoßen und mit dem zuvor erhitzten Essig vermischt. Nach einer Standzeit von etwa 20 Minuten wird der Whisky in den Senf gegeben und in einer Schüssel kaltgerührt. Danach in Tongefäße abfüllen. Nach ungefähr 2 Wochen ist der Senf fertig. Seine Haltbarkeit beträgt 6 Monate.

FRANZÖSISCHER SARDELLENSENF

Französischer Sardellensenf ist pikant und weist einen deutlichen Sardellenton auf, was ihn besonders für Fischgerichte und deren Saucen empfiehlt.

300 g gelbe Senfkörner
¾ l Apfelessig
1 TL Salz
2 EL Zucker
10 passierte Sardellen
40 g Honig
Estragon und Kerbel zum Würzen

Die Senfkörner werden zerstoßen und mit dem Apfelessig aufgekocht. Anschließend werden die restlichen Zutaten zugesetzt und unter ständigem Rühren erkalten gelassen. Nach etwa 6 Wochen bei kühler Lagerung entfaltet sich der Sardellenton vollständig und der Senf kann genossen werden.

EINFACHER DIJONSENF

400 g gelbe Senfkörner
½ l Weinessig
½ l Wasser
2 EL Salz
1 Knoblauchzehe
¼ Zwiebel

Die Senfkörner werden mit dem Wasser und dem Essig angesetzt und mindestens 2 Stunden lang stehen gelassen. Erst dann erfolgt die Zerkleinerung mit dem Mixer oder einer sehr feinen Passierscheibe. Der Senf wird, falls er noch zu flüssig sein sollte, mit etwas Senfmehl eingedickt und dann direkt in Steingut- oder Keramiktöpfe gefüllt. Die Haltbarkeit beträgt zumeist etwa 6 Monate.

ENGLISCHER KRÄUTERSENF

Dieser Spezial-Kräutersenf, der sehr intensiv ist, kann zu allen Speisen gegessen werden.

300 g gelbe Senfkörner
¼ l Wasser
¼ l Weinessig
2 EL Aceto Balsamico
30 g gemischte gehackte Kräuter (Basilikum, Liebstöckl, Estragon, Petersilie, Schnittlauch)
2 TL Salz
2 EL Zucker
2 TL Grüner Pfeffer
etwas Pflanzenöl

Die Senfkörner werden mit dem Weinessig und dem Wasser drei Stunden lang vorgequollen und anschließend im Mixer fein vermahlen. Nach einer weiteren Quellzeit von drei Stunden werden die restlichen Zutaten zugesetzt. Der Senf wird dann mit dem Mixer fein zerkleinert. Wenn noch Kräuter sichtbar sein sollen, werden diese kurz vor der Abfüllung zugesetzt. Nach einer Standzeit von einer Woche ist der Senf fertig für die Abfüllung in Ton oder Glasgefäße mit Schraubdeckel.

Die richtige Kräuterauswahl verleiht auch Senf einen ganz eigenen, intensiven Geschmack. (© Archiv Fischerauer)

SCHARFER SENF MIT WEISSWEIN

Scharfer Senf eignet sich besonders zu Fleischspeisen und vielen Wurstarten. Seine Intensität verfeinert auch viele Grillspeisen.

150 g weiße Senfkörner
150 g dunklere Senfkörner
80 g Zucker
¼ l Weißwein
¼ l Weinessig (min. 6 % Säure)
1,5 EL Salz
Saft einer Knoblauchzehe
½ EL Piment

Die Senfkörner werden im Mörser vollkommen fein verrieben und zerstoßen und anschließend mit dem Zucker vermischt. Der Zucker wird nochmals mit dem Senfmehl verrieben, um einen möglichst feinen Senf zu erhalten. Anschließend wird dieses Pulver mit der Hälfte des Weines und des Essigs vermischt und mindestens 4 Stunden lang im Kühlen ziehen gelassen. Nach dieser Zeit werden die restlichen Zutaten zugesetzt und unter ständigem Rühren bei nur geringer Hitze aufgekocht. Das Erhitzen ist empfehlenswert, da bei noch aktiven Essigbakterien der Senf nach Klebstoff zu riechen beginnt.

Nach einiger Zeit wird die Masse etwas dicker. Je nach gewünschter Senfdicke kann die Kochdauer unterschiedlich sein. Wichtig ist, dass während der gesamten Kochdauer ständig gerührt wird, um ein Anbrennen zu vermeiden. Der Senf wird dann in Glas- oder Keramikbehälter gefüllt und kühl und dunkel gelagert. Die Aufbewahrung sollte nicht im Kühlschrank erfolgen, da der Senf dann zu sehr zum Eindicken neigt. Dieser Senf ist nicht länger als 3 Monate lang haltbar, was bei einem möglichen Verkauf unbedingt zu beachten ist.

SCHARFER SENF MIT APFELTON

Dieser Senf wird wie der vorangegangene hergestellt und unterscheidet sich nur durch die Verwendung von Apfelessig und Apfelwein, deren Fruchtigkeit die Harmonie und Eignung für viele Fleischspeisen bestimmt.

300 g gelbe Senfkörner
100 g schwarze Senfkörner
100 g Zucker
¼ l Apfelessig (min. 6 % Säure)
¼ l frischer Apfelwein
½ Apfel, 1 EL Meersalz
1 TL weißer Pfeffer
1 TL Piment

Die Pfefferkörner werden mit den Senfkörnern und dem Zucker sehr fein vermahlen und verrieben. Die Ansatzzeit mit Apfelwein und Essig beträgt 4 Stunden. Anschließend wird die gesamte Menge mit der Apfelhälfte mindestens 10 Minuten lang im Standmixer vermischt. Der restliche Ablauf ist der gleiche wie beim scharfen Senf mit Weißwein. Dieser Senf hält sich ebenfalls ungefähr 3 Monate lang.

SENF MIT MUSKAT UND WEIN

Dieser dunkle Senf eignet sich besonders für die etwas ausgefallenere Küche und hier wiederum sehr gut für Fleischspeisen mit aromatischer Sauce. Er schmeckt aber auch pur zu Fisch- und Lammgerichten.

400 g gelbe Senfkörner
¼ l Rotweinessig
¼ l Rotwein
1 EL Salz
50 g Staubzucker
1 Muskatnuss

Die Senfkörner werden im Mörser zerstoßen und verrieben und mit dem Essig sowie dem Rotwein angesetzt. Nach einer Standzeit von mindestens 3 Stunden erfolgt die Zugabe der restlichen Zutaten. Die geriebene Muskatnuss wird erst vor dem Aufkochvorgang zugesetzt, da sie sonst einen zu intensiven Geschmack verursacht. Nach Eindickzeit und Erhitzung auf 50 °C erfolgen Abfüllung und Verschluss. Die Haltbarkeit beträgt maximal 6 Monate.

KRÄUTERSENF

Kräutersenf ist eine besondere Spezialität, die sich hervorragend zu Grillspeisen eignet. Je nach gewünschter Geschmacksrichtung können verschiedene, ausschließlich frische Kräuter zugesetzt werden.

400 g gelbe Senfsaat
½ l Essig
½ l Weißwein
2 EL Salz
nach eigenem Belieben gemischte Kräuter

Die Senfsaat wird zerkleinert, mit dem Essig und dem Weißwein übergossen und mindestens 2 Stunden lang bei einer Temperatur von 40 °C eingemaischt. Nach dieser Zeit werden die Kräuter zerkleinert und mit dem Senf vermischt, der dann in Gläser abgefüllt wird. Die Mindesthaltbarkeit beträgt etwa 6 Monate.

KNOBLAUCHSENF

Knoblauchsenf ist ein Klassiker unter den Senfsorten. Je nach gewünschter Geschmacksrichtung kann mehr oder weniger Knoblauch zugesetzt werden. Der Knoblauch verleiht dem Senf Frische und besondere Würze.

200 g gelbe Senfsaat
240 ml Apfelessig
400 ml Wasser
2 EL Salz
60 g Zucker
8 Knoblauchzehen

Die Senfsaat wird zerkleinert sowie mit dem Essig und dem Wasser übergossen. Danach werden die weiteren Zutaten eingemischt und das Ganze mindestens 24 Stunden lang eingemaischt.. Nach dieser Zeit wird der Rohsenf mit dem Mixer fein vermahlen und in Gläser abgefüllt. Die Mindesthaltbarkeit beträgt etwa 6 Monate.

KREN-/MEERRETTICHSENF

Krensenf zählt zu den Lieblingssorten der meisten Konsumenten. Die Würze des Senfs harmoniert zu vielen Speisen mit der Schärfe des Krens. Besonders deftigen Speisen nimmt der Kren die Kraft, die Speise wird durch diesen Senf leichter verdaulich.

190 g gelbe Senfsaat
90 g braune Senfsaat
230 ml Weinessig
390 ml Weißwein
30 g Zucker
10 g Salz
150 g frisch geriebener Kren

Die Senfsaat wird zerkleinert, mit dem Essig und dem Weißwein übergossen und mindestens 3 Tage lang eingemaischt stehen gelassen. Nach dieser Zeit werden die restlichen Zutaten dazugegeben und mit dem Stabmixer zerkleinert. Etwa 2 Tage lang stehen lassen und dann bei Bedarf nachmixen. Danach wird er direkt in Gläser abgefüllt. Die Mindesthaltbarkeit beträgt etwa 6 Monate.

GARTENKRÄUTERSENF

Gartenkräutersenf ermöglicht es, den Senfgeschmack je nach Jahreszeit zu variieren. Die hier vorgeschlagene Kräutermischung ergibt einen sehr aromaintensiven Senf.

400 g Senfsaat
½ l Apfelessig
¼ l fruchtiger Most
2 EL Salz
5 g Liebstöckl
5 g Oregano
1 Knoblauchzehe
5 g Schnittlauch

Die Zubereitung läuft ebenso ab wie beim Kräutersenf oben.

Je nach gewünschter Geschmacksrichtung stehen auch bei der Senfbereitung die verschiedensten Möglichkeiten der Würzung offen.

Oregano ist auch in Ihrem Kräutersenf bestens aufgehoben. (© Archiv Fischerauer)

(© iStock Photo / Pat_Hastings)

HIMBEERSENF

Himbeersenf ist der König unter den Fruchtsenfsorten. Der beste Geschmack ergibt sich durch frisches Himbeermark, welches vor der Senfproduktion heiß passiert worden ist. Dadurch bleibt der Senf auch einige Monate lang im Kühlschrank haltbar.

130 g gelbe Senfsaat
130 ml Himbeeressig aus reinem Saft
380 ml Wasser
3 g Salz
120 g Zucker
350 g Himbeermark

Die Senfsaat wird zerkleinert und mit dem Essig, dem Wasser und dem Himbeermark sowie allen anderen Zutaten einen Tag lang eingemaischt. Anschließend mit dem Mixstab so fein zerkleinern, bis der gewünschte Mahlgrad erreicht ist. Den Senf dann direkt in Steingut- oder Keramikbehälter abfüllen, damit er möglichst lange die Farbe behält. Der Senf ist etwa 4 Monate lang haltbar.

ROSENBLÜTENSENF

Wer es besonders intensiv liebt und auch gerne einmal Blüten auf seinem Teller hat, für den ist dieser exklusive Senf der richtige. Fruchtig-intensiv mit deutlichem Rosenaroma bereichert er viele Gerichte von der Vorspeise bis zum Dessert.

220 g gelbe Senfsaat
240 ml Apfelessig
490 ml Rosenwasser
4 g Salz
30 g Honig
100 g getrocknete ODER 70 g frische Rosenblütenblätter

Die zerkleinerte Senfsaat wird mit dem Essig, dem Rosenwasser sowie den restlichen Zutaten für 48 Stunden eingemaischt. Wenn die gewünschte Konsistenz erreicht ist, wird der Senf mit dem Mixstab zerkleinert, bis der gewünschte Mahlgrad erreicht ist. Abfüllen in Steingut oder Keramik, um den Lichtschutz einzuhalten. Dieser Senf ist ohne Probleme 6 Monate lang haltbar. Tipp: Statt Rosenblüten kann auch Lavendel verwendet werden!

MOHNSENF MIT BOCKBIER

Mohnsenf ist eine Mischung verschiedener Körner. Die dunkle Farbe und der eigene Geschmack des Mohns machen diesen Essig zu einer absoluten Spezialität.

300 g gelbe Senfsaat
0,25 l Rotweinessig
0,45 l Bockbier
5 g Salz
20 g Zucker
60 g Mohn ganz

Es werden alle Zutaten zusammen für mindestens 2 Tage eingemaischt und dann mit dem Standmixer zerkleinert, bis nur noch der Mohn zu erkennen ist. Den Senf dann in Gläser abfüllen und kaltstellen. Nach etwa 3 Wochen schmeckt der Senf typisch und passt zu vielen Fleischsorten. Die Haltbarkeit beträgt etwa 3 Monate.

EXOTISCHER FRUCHTSENF MIT MARACUJAMARK

Manchmal ist es spannend, mit exotischen Früchten zu experimentieren. Sie sind meist sehr geschmacks- und geruchsintensiv und bringen eine wunderbare Fruchtigkeit in den Senf ein.

240 g gelbe Senfsaat
30 g braune Senfsaat
230 ml Orangenessig
390 ml Maracujamark pasteurisiert
30 g Zucker
40 g Salz
10 g getrocknete Zwiebeln
1,65 g Kardamom gemahlen
1 g Kurkuma gemahlen

Die Senfsaat wird zerkleinert, mit dem Essig und dem Fruchtmark übergossen und mindestens 2 Tage lang eingemaischt. Nach dieser Zeit werden die restlichen Zutaten dazugegeben und mit dem Stabmixer zerkleinert. Etwa 2 Tage lang stehen lassen und gegebenenfalls nachmixen. Danach wird direkt in Gläser abgefüllt. Die Mindesthaltbarkeit beträgt etwa 3 Monate.

GEWÜRZSENF

Bei vielen Senfsorten werden Gewürze zur Abrundung verwendet. Was liegt da näher, als einen klassischen Gewürzsenf mit speziellen Gewürzen zu mischen? Geeignet sind grundsätzlich alle Gewürze; hier möchte ich meinen persönlichen Lieblingsmix vorstellen.

240 g gelbe Senfsaat
30 g braune Senfsaat
230 ml Weinessig
390 ml Weißwein
30 g Zucker
40 g Salz
20 g getrocknete Zwiebel
1,65 g Kardamom gemahlen
2,65 g Koriander gemahlen
1 g Lorbeer gemahlen
1 g Kurkuma gemahlen

Die Senfsaat wird zerkleinert, mit dem Essig und dem Weißwein übergossen und mindestens 2 Stunden lang bei einer Temperatur von 40 °C eingemaischt. Nach dieser Zeit werden die restlichen Zutaten dazugegeben und mit dem Stabmixer zerkleinert. Etwa 2 Tage lang stehenlassen, dann gegebenenfalls nachmixen. Danach wird direkt in Gläser abgefüllt. Die Mindesthaltbarkeit beträgt etwa 6 Monate.

BÄRLAUCHSENF

Bärlauchsenf ist die Frühlingssenfsorte schlechthin. Je nach gewünschtem Geschmack kann mehr oder weniger Bärlauch zugesetzt werden. Er gibt Frische und vor allem eine wunderschöne grüne Farbe.

200 g gelbe Senfsaat
240 ml Apfelessig
400 ml Wasser
2 EL Salz
60 g Zucker
200 g Bärlauchblätter frisch

Die Senfsaat wird zerkleinert, dann mit dem Essig und dem Wasser übergossen. Danach werden die weiteren Zutaten eingemischt und mindestens 24 Stunden lang eingemaischt. Nach dieser Zeit werden die frischen Bärlauchblätter zugesetzt und anschließend mit dem Mixer fein vermahlen. Anschließend wird der Senf in Gläser abgefüllt. Die Mindesthaltbarkeit beträgt etwa 6 Monate.

WALDMEISTERSENF

Waldmeistersenf ist eine witzige und sehr frische Senfvariante. Dieser saisonale Senf schmeckt hervorragend zu frischen Würsten und zu mildem Käse.

200 g gelbe Senfsaat
240 ml Birnenessig
400 ml Wasser
28 g Salz
60 g Zucker
80 g Waldmeisterblätter

Die Senfsaat wird zerkleinert, dann mit dem Essig und dem Wasser übergossen. Danach werden die weiteren Zutaten eingemischt und mindestens 24 Stunden lang eingemaischt. Die Waldmeisterblätter kommen erst beim Feinmahlvorgang dazu, da sich so das Waldmeisteraroma am besten entfalten kann. Der Senf ist etwa 4 Monate lang haltbar und muss auf jeden Fall dunkel gelagert werden.

Nach dem Quellen werden Senfsamen, Essig, Wasser, Zucker und Salz fein vermahlen, mit Kräutern vermengt, nochmals gemahlen und abgefüllt. Fertig! (© Archiv Fischerauer)

ABFÜLLUNG UND VERKAUF VON SENF

Wer Senf verkaufen möchte, muss sich wie beim Essig an das jeweils gültige Lebensmittelbuch und an die Lebensmittelkennzeichnungsverordnung halten. Die Bestimmungen sind wie beim Essig zu handhaben. Die Essigart muss in der Zutatenliste genannt werden.

GESETZLICHE BESTIMMUNGEN

Für den Eigenbedarf gelten die hygienischen Grundanforderungen, wie sie auch in jeder Küche notwendig sind. Werden die selbst hergestellten Essig- und Senfprodukte in Verkehr gebracht (verkauft, getauscht oder verschenkt), so gelten verschiedene Gesetze, die die Abgabe regeln. Neben Füllmenge, Kennzeichnung und Vermarktung sind auch Herstellung und Inhaltsstoffe genau geregelt. Da diese Gesetze regelmäßig geändert werden, lassen sich aktuelle Informationen am besten im Internet abfragen, wo auf den jeweiligen amtlichen Seiten auch aktuelle Gesetzestexte abgefragt werden können.

Im Folgenden beispielhaft kurze Auszüge aus den für Österreich und Deutschland relevanten Texten.

DIE GESETZLICHEN BESTIMMUNGEN DER ESSIGBEREITUNG

Für das Produkt Essig gilt in **Österreich** Kapitel B8 des Österreichischen Lebensmittelbuches (aktuell IV. Auflage). Der Volltext mit sämtlichen Qualitätsanforderungen und Anmerkungen findet sich online unter **lebensmittelbuch.at.**

1 Essig

1.1 Herstellung und Beschreibung
Unter Essig versteht man eine zum menschlichen Genuss insbesondere zum Säuern und Konservieren von Speisen geeignete Flüssigkeit,

- *die entweder durch den Prozess der doppelten Fermentation, nämlich den der alkoholischen und der Essiggärung oder*
- *durch Verdünnen von für Genusszwecke geeigneter Essigsäure mit Wasser hergestellt wird (Säureessig). […]*

In **Deutschland** gilt die „Verordnung über den Verkehr mit Essig und Essigessenz" (EssigV), derzeit mit Stand von 2017. Sie ist online abrufbar unter **gesetze-im-internet.de/essigv/BJNR007320972.html.**

§ 1
(1) Essig im Sinne dieser Verordnung ist das Erzeugnis, das in 100 Millilitern mindestens 5 Gramm und höchstens 15,5 Gramm Säure, berechnet als wasserfreie Essigsäure, enthält und hergestellt ist

1. *durch Essiggärung aus weingeisthaltigen Flüssigkeiten, auch unter Verdünnen mit Wasser (Gärungsessig),*
2. *durch Verdünnen von Essigsäure oder Essigessenz mit Wasser oder*
3. *durch Vermischen von Gärungsessig mit Essigsäure, Essigessenz oder Essig aus Essigessenz. [...]*

DIE GESETZLICHEN BESTIMMUNGEN DER SENFBEREITUNG

Für das Produkt Senf gilt in **Österreich** Kapitel B29 des Österreichischen Lebensmittelbuches (aktuell IV. Auflage). Der Volltext mit sämtlichen Qualitätsanforderungen und Anmerkungen findet sich online unter **lebensmittelbuch.at.**

1. Einleitung

Unter Senf (Speisesenf, Mostrich) versteht man eine mehr oder weniger scharf und würzig schmeckende Zubereitung, die aus Senfsamen (Abs. 2.1) unter Beigabe von Zutaten hergestellt und zum Würzen von Speisen verwendet wird.

Der Einsatz von Zusatzstoffen richtet sich nach den einschlägigen Bestimmungen. [...]

4. Bezeichnung

4.1
Ein besonders hervortretender Geschmack wird in der Bezeichnung zum Ausdruck gebracht, wie „Zwiebelsenf", „Feigensenf", „Chilisenf".

4.2
Hinweise, wie „englisch", „scharf" oder „feurig" werden nur dann verwendet, wenn die Schärfe (Grundschärfe) des Senfes aus den Senfsamen stammt. Wird in der Bezeichnung auf scharfschmeckende Gewürze (wie „Chilisenf") hingewiesen, so trägt das Gewürz nur einen Anteil an der Gesamtschärfe.

In **Deutschland** gilt als Empfehlung die „Richtlinie zur Beurteilung von Senf", derzeit mit Stand von 2019. Sie ist online abrufbar unter **lebensmittelverband.de/de/publikationen/richtlinien/richtlinie-beurteilung-senf.**

I. Begriffsbestimmung

Senf (Speisesenf, Tafelsenf, Mostrich, Mostert) ist eine verzehrfertige Zubereitung, die auf der Grundlage von Senfkörnern hergestellt wird und zum Würzen von Speisen bestimmt ist. [...]

IV. Kennzeichnung

1. Bezeichnungen, die auf eine besondere Geschmacksrichtung hinweisen, wie „Gewürzsenf", „Kräutersenf", „Meerrettichsenf", „Tomatensenf", „Weinsenf" sind üblich, wenn in dem Produkt die die Geschmacksrichtung bezeichnenden Stoffe in einer solchen Menge vorhanden sind, dass deren Geschmack deutlich wahrnehmbar ist.
2. Mittelscharfer Senf wird auch als „Delikatess-Senf" bezeichnet.
3. Hinweise wie „scharf", „feurig", „stark" können verwendet werden, wenn der scharfe Geschmack des Senfes aus den Senfkörnern stammt, es sei denn, es wird ausdrücklich auf das Vorhandensein von scharfschmeckenden Gewürzen hingewiesen (z. B. Chilisenf).

In der **Schweiz** gilt für Essig und Senf entsprechend die Verordnung des EDI über Lebensmittel pflanzlicher Herkunft, Pilze und Speisesalz (VLpH) vom 1. Mai 2017. Sie ist online abrufbar unter **fedlex.admin.ch/eli/oc/2017/181/de.**

GLOSSAR

Abziehen
Bei der Wein-, Essig- oder Mosterzeugung: Trennen der geklärten Flüssigkeit vom Bodensatz, der aus Hefezellen, ungelösten Fruchtbestandteilen und Trubstoffen (siehe dort) besteht.

Brix
Eigentlich Grad Brix (° Brix), auch % Brix; Maßeinheit der spezifischen Dichte von Flüssigkeiten, diese wird hauptsächlich im Obst- und Weinbau verwendet; je größer der Brix-Wert, desto höher der Zuckergehalt.

Schwefeln
Verlängert die Haltbarkeit von Wein, Trockenobst und Kren (Meerrettich), beeinträchtigt aber auch Geschmack und Qualität. Die Weinschwefelung ist seit der Antike bekannt. Das Schwefeln kann auf mehrere Arten durchgeführt werden, unter anderem auch durch Verbrennen von Schwefel in den leeren Fässern oder durch die Zugabe von verflüssigtem Schwefeldioxid.

submers
Untergetaucht unter Wasser bzw. in einer Flüssigkeit.

Tannine
Natürliche Gerbstoffe, die vor allem in Schalen, Kernen und Stielen von Weintrauben, aber auch in manchen Holzarten vorkommen und den Pflanzen zur Schädlingsabwehr dienen. Tannine geben Wein die typisch raue Note von Trockenheit (Adstringenz). Tannin kommt auch durch neue Eichenfässer in den Wein, wenn diese nicht vor dem Befüllen weingrün (siehe unten) gemacht wurden.

Trubstoffe
Schwebstoffe in Getränken, die meist vom Fruchtfleisch oder den Schalen der dafür verwendeten Früchte oder Gemüsesorten stammen. Trubstoffe können beim Vergären alkoholischer Getränke deren Geschmack wesentlich beeinflussen, sind aber im Endprodukt meist nicht erwünscht.

weingrün machen
Spülen bzw. Wässern von Fässern, Geräten und Gläsern, um den Geschmack des Weines nicht zu verfälschen. Auf diese Weise werden aus neuen Holzfässern vor dem ersten Einsatz die Gerb- und Farbstoffe entfernt (nicht bei Barrique-Weinen).

LITERATURVERZEICHNIS

CAVAZZUTI, V.: Aceto Balsamico, Verlag Th. Knaur Nachf., München 1995.

EBNER, H.: Essig, in Ullmanns Encyklopädie der technischen Chemie, 4. Auflage, Band 11, 41–55. Verlag Chemie, Weinheim 1976.

GEISS, H.M.K.: Essig Brevier, Ehrenwirth Verlag GmbH, München 1991.

GIPS, K.: Alle Wissenswerte über Essig, Verlag Numa 1995.

HAESELER, G.: Essig, in Ullmanns Encyklopädie der technischen Chemie, 3. Auflage, Band 6, 761–777. Verlag Urban und Schwarzenberg, München-Berlin 1955.

KLEMER, A.: Senfölglucoside, Handbuch der Lebensmittelchemie, 1. Band, Verlag Springer.

LANGHAUS, E. u. SCHLOTTER, H.A.: Wie stellt man Weinessig her?, Weinwirtschaft Technik Nr. 8/1992.

LEBENSMITTELKENNZEICHNUNGSVERORDNUNG 1993, 72. Verordnung Bundesgesetzblatt v. 29. Jänner 1993, Wien 1993.

SLAMA, S.: Mikroflora von Senf und Senfbestandteilen und ihre Auswirkungen auf die Produktqualität, Wien 1992.

STAESCHE, K.: Senf, Handbuch der Lebensmittelchemie, 6. Band, Verlag Springer.

THACKER, E: Das große Buch vom Essig, Verlag Reuille, Versoix 1995.

WÜSTENFELD, H.: Lehrbuch der Essigfabrikation, Verlag Paul Parey, Berlin 1930.

REGISTER

ESSIGREZEPTE

SENFREZEPTE